Recomendaciones

"Si hay algo que nuestra iglesia y la humanidad necesitan, es una predicación sana. El doctor Juan Francisco Altamirano sabe mucho de eso y lo comparte en *Bases para una predicación sana*".

Pastor Julio Chazarreta
Director de Ministerios Hispanos
de la Unión del Sur

"No se puede predicar sin conocer al Autor. No se puede dar esperanza con heridas abiertas. *Bases para una predicación sana* es un manual práctico y refrescante; desafía a predicar centrado en Jesucristo".

Pastor Ángel Laurencio
Distrito Hispano del Noroeste
de la Asociación de New Jersey

"*Bases para una predicación sana* es de fácil lectura, de gran practicidad y magistralmente bosquejado; bien ilustrado, nutrido de bibliografía, con alto sentido pedagógico y de autoanálisis para el mensajero".

Pastor Adan Dyck
Doctor en Educación Familiar/Secretario
Ministerial de la Unión Mexicana del Norte

"El arte de predicar requiere del estudio de las reglas de una predicación sanadora. De esto trata *Bases para una predicación sana*, a fin de que el Espíritu Santo sane el corazón humano".

Pastor Ricardo Bentancur, PhD
Director del Departamento Internacional,
Pacific Press Publishing Association

"*Bases para una predicación sana* es un libro original en su presentación y en su contenido. Profundo en su enfoque, pero práctico a la vez; de gran ayuda para los mensajeros del Autor de la Biblia".

Pastor Elim López, D.Min
Pastor del distrito de Charleston
en la Asociación de Carolina

"En *Bases para una predicación sana* el doctor Altamirano nos muestra cómo quitar la mirada de nosotros mismos para contemplar a Cristo en su Palabra, y predicarlo a un mundo que lo necesita".

Pastor Sergio Monterroso
Autor de *Cuando amanece*, una novela
histórica acerca del discipulado cristiano.
Pastor distrital en la Asociación
de Kentucky-Tennessee

"*Bases para una predicación sana* es una herramienta útil; enseña la elaboración sistemática y didáctica del sermón, con Jesucristo como la verdad central del mensaje".

Pastor Gardner Bermúdez
Coordinador Hispano de la Unión de Canadá

"¿Has buscado un libro sobre preparación de sermones que te lleve de lo simple a lo profundo, con un enfoque cristocéntrico? *Bases para una predicación sana* es lo que buscabas".

Pastor Edward Smith, MAPM
Pastor Distrital en Dangriga, Belize
Director de Jóvenes en la
Misión del Suroeste de Belize

"Una vez más nos sorprende el doctor Altamirano con *Bases para una predicación sana*; un libro ameno, eficaz, práctico y oportuno. Motiva a predicar el tema central de la Biblia: Cristo crucificado".

Pastor Luis A. Guerra, MAPM
Presidente Asociación Occidental Panameña

"Para algunos, predicar es solo hablar en público; para el autor de *Bases para una predicación sana*, es la oportunidad de revelar la sanidad que Cristo trae al herido".

Pastor Rafael Escobar, MDiv
Pastor distrital en Ponciana,
Asociación de la Florida

"*Sana* es el adjetivo calificativo perfecto para describir la predicación que más se necesita hoy. La lectura de **Bases para una predicación sana** transformará tu exposición de la Palabra para lograrlo".

Pastor Vanston Archbold Jr., MAPM
Vicepresidente en la Conferencia
Regional del Suroeste, TX

"**Bases para una predicación sana** del pastor Juan Francisco Altamirano, establece las bases sólidas para la persona que desea iniciarse en la predicación bíblica".

Pastor Franz Ríos, D.Min
Director de la Facultad de Teología,
UNADECA, Costa Rica

"Es imperante que se imparta desde nuestros púlpitos una predicación sana. **Bases para una predicación sana** ayudará a laicos y pastores a lograrlo. Gracias doctor Juan Francisco Altamirano por su obra".

Pastor Yeury Ferreira, DMin
Director del Ministerio Hispano
de la Greater New York Conference

"Escuché las enseñanzas de **Bases para una predicación sana** la primera vez que el doctor Altamirano las expuso; se trata de un valioso aporte; recomiendo sin dudarlo su lectura y estudio".

Pastor Edgard Soto
Magister en Ministerio Pastoral
Pastor de la Iglesia Universitaria,
UNADECA, Costa Rica

"Esta obra fundamenta el contenido del sermón en la Santa Biblia, y propone el amor de Dios como el epicentro de la predicación".

Pastor César Noé Turrubiates
Magister en Relaciones Familiares,
Presidente de la Misión Regiomontana,
Nuevo León, México

"El pastor Juan Francisco Altamirano nos trae una herramienta necesaria para el predicador interesado en conocer mejor al Autor de las Escrituras".

Pastor Justo Delgado
Magister en Teología Pastoral
Capellán de la Universidad Adventista
de Nicaragua

"Simple, relevante, inspirador, desafiante, son las palabras que vinieron a mi mente cuando leía **Bases para una predicación sana.** Lo que más llamó mi atención, es la forma tan práctica como el autor aborda el tema de la predicación. No cabe duda que este libro es el producto final que solamente la experiencia de muchos años puede dar".

Pastor Gerald Margil
Coordinador Hispano
Idaho Conference

"Un maestro de predicación dijo: Si vas a predicar, por el amor de Dios, ¡predica bien! En **Bases para una predicación sana** el doctor Altamirano presenta las bases para hacerlo bien. Recomiendo su libro sin reserva".

Dr. Alfonso Valenzuela, DMin., PhD
Profesor adjunto de predicación bíblica
Seminario Teológico Adventista
Andrews University

Juan Francisco Altamirano

BASES
PARA UNA
PREDICACIÓN
Sana

SEMINARIO BÁSICO PARA PREPARAR SERMONES

Bases para una predicación sana
Seminario básico para preparar sermones

Juan Francisco Altamirano Rivera
Primera edición: Octubre, 2021
96 páginas

Editor: Juan Francisco Altamirano Rivera
Lectora de pruebas: Jacqueline Mojica Ponce
Diseño portada: Edwin Anibal De la Cruz
Diseño interior: Elizabeth Valoyes Salas
Imagen portada: www.freepik.com
Imágenes: www.pixabay.com
Fotografía: Josué & Francieli Hernández

Publicado por: Movimiento Misionero Aplantar
Caldwell, Idaho, EE. UU. de N. A.

© Juan Francisco Altamirano Rivera
2021 / Reservados todos los derechos

Prohibida la reproducción (texto, imágenes y diseño),
su manipulación y transmisión ya sea electrónica,
mecánica, por fotocopia u otros medios,
sin permiso previo y por escrito del autor.

Sin ti, yo no hubiese podido

Señor, al mirar hacia atrás,
como David, veo osos derrotados;
que sin ti, yo nunca hubiese podido,
porque fue tu mano la que me libró.

Señor, al repasar mi vida,
como Daniel, hallo que he dormido sobre
la melena de leones durmientes;
que sin ti, yo nunca hubiese podido,
porque fue tu mano la que me arrulló.

Señor, al revisar la bitácora de mi vida,
como Pablo, me veo sobreviviendo
a varios naufragios;
que sin ti, yo nunca hubiese podido,
porque fue tu mano la que preservó mi vida.

Señor, a ti te lo debo todo.
Mis logros son gracias a ti.
El Sabio aquí, solo eres tú.
Mis victorias son gracias a ti.
El Fuerte aquí, solo eres tú.
Sin ti, yo nunca hubiese podido.
Nunca lo hubiese logrado.
Mi Dios, todo lo debo a ti.

Juan Francisco Altamirano Rivera —Jfar

BASES PARA UNA PREDICACIÓN *Sana*

Pertenece a:

_____

Obsequiado por:

_____

Fecha:

_____

Está bien, Señor, tú ganas
—le dije mientras tomábamos un chocolate.
Había estrellas fugaces.
Caían como si el cielo estuviera lloviznando lumbre.
Frente a mis ojos, su mirada vencía a los míos con su encanto y atractivo.
—Si tú me pides todo, todo te lo entrego —le dije.

Juan Francisco Altamirano

Agradecimiento

Cuando se me escapaba un detalle, a ella no; cuando una idea no era tan clara, ella se encargaba de iluminarla. ¿Qué sería de mis letras sin su capacidad para mejorarlas? A ti, Mtra. Jacqueline Mojica Ponce, muchísimas gracias por tus tantísimas horas de dedicación que han hecho posible que ***Bases para una predicación sana*** saliera a la luz.

Dedicatoria

Aquella tarde de jueves entraste a nuestra habitación. Tu madre y yo necesitábamos el mensaje que nos compartiste con la canción cristiana que te había acompañado en tu día de trabajo. Franly G. Altamirano, revisa tu espalda por aquello que traigas dos alas. Sabes cómo ser un mensajero de Dios. A ti hijo, que nos llenas de orgullo y admiración, tu madre y yo te dedicamos con todo nuestro amor:
Bases para una predicación sana

Contenido

Prólogo 17
Palabras iniciales 19

PRIMERA SESIÓN:
La A en la predicación: AUTOR, no lector 23

Nunca has tenido la intención que tus sermones dejen alicaídos a los oyentes. ¿Qué enfoque seguir al estudiar la Biblia en la preparación de un sermón esperanzador?

Ejercicio No. 1: El cubo de la identidad del predicador 33

SEGUNDA SESIÓN:
La B en la predicación: BOSQUEJO, no parloteo 37

¿Alguna vez has escuchado sermones que hablan y hablan sin dejar un mensaje? Un buen bosquejo es mejor para el sermón que un predicador elocuente. ¿Cuáles son los pasos a seguir para preparar un buen bosquejo?

Ejercicio No. 2: Bosquejograma 53

TERCERA SESIÓN:
La C en la predicación: CRUZ, no conducta 57

Hay dos montes en la Biblia que atraen a los predicadores: el Monte Sinaí y el Monte Gólgota. ¿Por qué es importante para la predicación trasladarse del Monte del Sinaí al Monte del Gólgota?

Ejercicio No. 3: Dos predicadores, dos montes 72

CUARTA SESIÓN:
La D en la predicación: DIOS, no traumas 75

Una dama saltó desde la banca y gritó: "Paren de predicar sermones sobre el amor de Dios. Por eso la iglesia duerme". Te has preguntado, ¿por qué hay predicadores que se sienten más identificados con un Dios severo y duro que con el Padre justo y amoroso de las Sagradas Escrituras?

Ejercicio No. 4: Rituales para cerrar la herida interior 92

Clínicas para el alma 93
Acerca del autor 95

Prólogo

Este libro fue dedicado a Franly G. Altamirano, de quien sus padres dicen: *"Sabes cómo ser un mensajero de Dios"*. Sugieren sus progenitores que tal vez él sea un ángel, y le indican en una orden de amor y admiración, bañada en gratitud: "Revisa tu espalda por aquello que traigas dos alas". En esta introducción yo afirmo: ¡Franly no es un ángel, pues él es Jesús! Esta idea no la inventé yo, ni tampoco la inventó Pablo al escribirles a los Corintios. Esta enseñanza la inició Jesús: "De cierto, de cierto les digo que el que recibe al que yo envío, a mí me recibe; y el que a mí me recibe, recibe al que me envió" (S. Juan 13:20). Cuando Franly intervino ese día al entrar a la presencia de sus padres en necesidad, no era él, tampoco era Jesús. Jesús enseñó que nuestras acciones en favor de otros, por ejemplo al predicar, son en nombre del Padre. ¡Era el Padre quien entraba al cuarto!

Dios creó a la humanidad con el propósito de satisfacer su *necesidad relacional*. Una necesidad que no está basada en supervivencia. Dios es el único que es vida, tiene vida, y vive (Apocalipsis 1:8). Todos los demás solo recibimos vida de Dios: "Yo he venido para que tengan vida, y para que la tengan en abundancia" (S. Juan 10:10).

La necesidad relacional de Dios la vemos reflejada en aquella entrada de Franly al cuarto donde sus padres estaban en necesidad de su intervención, de su amor relacional manifestado al entrar a donde ellos estaban. La acción de entrar al cuarto es una sombra leve, un reflejo del interés de Dios en la familia Altamirano. Según Johannes P. Louw, autor de *Greek-English lexicon of the New Testament: based on semantic domains [Léxico Griego-Español del Nuevo Testamento, basado en dominios semánticos]*, el verbo *rogamos*, del texto, "les rogamos en nombre de Cristo: ¡Reconcíliense con Dios!" (2 Corintios 5:20), no es sutil. El vocablo δέομαι (*deomai*): suplicar, mendigar, pedir con urgencia, tiene la implicación de una presunta necesidad, como se usa en S. Lucas 8:28: "Te lo ruego (*deomai*), no me castigues". El sentido de urgencia de parte del que ejerce esta acción verbal ilustra la 'necesidad' del actor; en el caso de 2 Corintios 5:20, el pedido urgente viene de parte de Dios. Lo que en inglés otro autor (Greeven) llama: *"earnest admonition"* (urgente clamor).

El uso más común de este verbo (*deomai: rogar*), es de los humanos hacia Dios, pidiendo, rogando en oración y suplica al Señor. Sin embargo, en 2 Corintios 5:20 se aplica a Dios mismo. Los humanos somos la boca de Dios que anuncia esta urgente necesidad de reconciliación. ¡Presentar este apremiante ruego como embajadores plenipotenciarios, es predicar!

Para ser mensajeros efectivos, el mensaje ha de ser el de Cristo. Nuestras palabras deben ser las dadas por el Espíritu de Cristo (S. Lucas 12:12).

Jesús es el centro de nuestra predicación porque Jesús nos mostró el carácter real de Dios. Solo en Jesús podemos comenzar a entender a Dios (Véase S. Juan 14:7-11). La encarnación del Hijo de Dios fue el mayor acto hermenéutico de Dios a la humanidad. Dios se da a conocer en Jesús. Pero, reconociendo las limitaciones de un judío de Galilea, el Padre y el Hijo envían a un mejor representante: el Espíritu de Cristo. Jesús es la mayor contextualización hecha por Dios entre nosotros.

Cuando Franly entró a la habitación, entró al espacio-tiempo de sus padres, se contextualizó tal como Jesús entró al espacio-tiempo de la humanidad. Así Franly predicó a Jesús. Dios está rogando por medio nuestro a la humanidad, que se reconcilie con él. Éste ha de ser el pedido urgente de cada sermón. "El Espíritu y la esposa dicen: '¡Ven!'. El que oye diga: '¡Ven!'. El que tiene sed, venga. El que quiera, tome del agua de vida gratuitamente" (Apocalipsis 20:17).

Al leer este libro entramos al mundo del mayor ruego del corazón de Dios. Yo te invito a entrar al espacio-tiempo del autor, el doctor Juan Francisco Altamirano, quien nos lleva paso a paso a través de relevantes principios bíblicos, enseñándonos fundamentos sólidos para una predicación sana.

¿Aceptas mi ruego en nombre de Dios?

Doctor *Johnny Ramírez-Johnson*
Profesor de Antropología y del Centro Latino
Escuela de Misión y Teología
Fuller Theological Seminary
ramirez-johnson@fuller.edu

Palabras Iniciales

Yo no tenía la intención de escribir este libro. Nadie me encargó hacerlo. Fui invitado a impartir algunas clases sobre predicación a estudiantes de teología, y entonces, para efectos de ordenar las ideas me senté a sistematizar el contenido. Escribí **Bases para una predicación sana** con la única intención de ser un poco menos ignorante acerca del tema.

Así surgió el libro que tienes en tus manos, casi de modo fortuito. Digo *casi* porque en el proceso consulté con el Señor si era su voluntad que yo lo escribiera. Después de hacerle la pregunta, me separé de la idea. Al menos lo intenté. Me enfoqué en bosquejar las clases. Seguí orando sobre la petición. Una vez que percibí que él lo quería, emprendí la tarea. Decidí que el contenido giraría en torno a cuatro ejes temáticos.

En la primera sesión destaco que el enfoque que sigue el predicador al estudiar la Biblia, es determinante para el impacto que su mensaje causará en la audiencia. En la segunda sesión me refiero a la tarea principal del predicador en la preparación del sermón. No es el parloteo, es el bosquejo. Además, a lo largo del libro privilegio la importancia de preparar el bosquejo del sermón. En la tercera sesión enseño que la meta del predicador es llevar a la gente a la cruz, no a la conducta. Abundan los sermones conductistas, pero la humanidad no se salvará gracias a su conducta; nos salvamos gracias a la vida y muerte de Jesucristo en nuestro lugar. Y en la cuarta sesión abordo algo que considero sobresaliente dentro del ámbito de la predicación. Los predicadores no nacemos en el vacío; no llegamos del cielo traídos por una cigüeña. Somos el producto de nuestros padres, quienes fungieron como nuestros primeros representantes de Dios. Según la imagen mental de Dios que ellos nos mostraron, es el Dios que proyectamos a través de nuestra predicación, si no es que hemos sanado antes nuestros propios traumas emocionales arrastrados desde la infancia, y hemos experimentado el carácter amoroso de nuestro tierno Padre celestial. De ahí que la cuarta sesión propone que el amor de Dios sea el modelo que inspire nuestros mensajes, titulándose esta: Dios, no traumas.

Asistimos a un trauma global. Domina el duelo, el miedo y la angustia. La recuperación de la salud mental durará más que la pandemia misma. No se dispone de una vacuna para las secuelas psicológicas que dejará la pandemia. La humanidad necesita sanidad; de una iglesia a donde sea seguro mostrar sus cicatrices; necesita del Dios que "sana a los quebrantados de corazón" y "venda sus heridas" (Salmo 147:3). Necesita una predicación que le muestre las heridas de Jesús para sanar sus propias heridas profundas. *Bases para una predicación sana* nos desafía a repensar la predicación. Este libro tiene una sola virtud: Jesucristo es el centro. Nadie más, nada más.

Somos llamados a ser "la luz del mundo" (S. Mateo 5:14). Sin embargo, en muchos púlpitos hemos visto apagarse la antorcha de la esperanza; tristemente, hemos observado a predicadores gritarnos sus inseguridades en "el nombre de Dios". Como dice Elena G. de White, "la tierra quedó oscura porque se comprendió mal a Dios" (*El Deseado de todas las gentes*, p. 13). Su misma pluma también aporta la solución: "El mundo está pereciendo por falta del evangelio... El Señor desea que su palabra de gracia penetre en toda alma" (*Palabras de vida del gran Maestro*, pp. 180-181). Porque de acuerdo a la misma autora, "la religión de Cristo... es un calmante poderoso para los nervios" (*Joyas de los testimonios*, tomo 2, p. 143). En resumen: "Lo que el mundo necesita, 'el Deseado de todas las gentes', es Cristo. La gracia divina, que él solo puede impartir, es como agua viva que purifica, refrigera y vigoriza el alma" (*El Deseado de todas las gentes*, p. 157). Dicho lo anterior, "únicamente el amor que haya fluido del corazón de Cristo puede proporcionar sanidad. Y únicamente de quien fluya ese amor, como la savia del árbol o la sangre en nuestro organismo, podrá restaurar al alma herida" (*La educación*, p. 101).

Es hora de elevar nuestras miradas a lo alto, donde Dios nos contempla deseoso de extendernos su mano consoladora. Te invito a orar conmigo:

"Señor, ahora que el planeta sufre una pandemia, carga nuestros miedos como un Padre misericordioso. Llévanos en tus brazos en esta hora aciaga como a un niño tembloroso. Entretanto regresas, queremos ser tu bálsamo para quienes nos escuchen predicar; haznos tus mensajeros de esperanza, siendo compasivos con tu compasión que emane desde nosotros. Queremos ser la extensión de tu abrazo para los corazones rotos, dolientes y enlutados. ¡Oh, Sanador Herido, sana nuestros propios corazones para que sanemos a los otros! Amén".

"Mantengamos firme, sin fluctuar, la profesión de nuestra esperanza, porque fiel es el que prometió" (Hebreos 10:23).

El Cielo entero a tu favor...

Juan Francisco Altamirano
Caldwell, Idaho, 11 de octubre de 2021
aplantar@gmail.com

LAS 4 BASES

> *Hablemos del Señor Jesús y pensemos en él. Piérdase en él nuestra personalidad. Reposemos en Dios.*
> (El camino a Cristo, p. 106).

Sesión 1 — A — MIRADA
AUTOR, NO LECTOR

Sesión 2 — B — MANDATO
BOSQUEJO, NO PARLOTEO

Sesión 3 — C — META
CRUZ, NO CONDUCTA

Sesión 4 — D — MODELO
DIOS, NO TRAUMAS

"En el centro de la revelación bíblica se alza la doctrina de la gracia".
—Kenneth Kinghorn

PRIMER DEVOCIONAL

¿QUÉ ES LA PREDICACIÓN?

Supera nuestras capacidades

"Pero el Señor estuvo a mi lado, y me dio fuerzas, para que por mí fuese cumplida la predicación, y que todos los gentiles oyesen" **(2 Timoteo 4:17).**

TRES APLICACIONES

1. La predicación es un **PRIVILEGIO** para el cual
2. no tenemos la **PREPARACIÓN** suficiente;
3. por lo tanto, el Señor nos concede su **PRESENCIA** a nuestro lado para hacer por nosotros, lo que no podríamos hacer por nosotros mismos.

PLEGARIA

"Señor, tú nos has pedido que prediquemos 'a tiempo y fuera de tiempo'; sin embargo, ¿quién soy yo? Simplemente un insignificante farolillo, ofreciéndole al creador de estrellas 800 veces más gigantes que el sol, un poco de luz para aclarar quién es él. Tú, que te presentaste a Moisés desde una zarza ardiendo, ¿quieres condescender con nosotros y despojarnos de las sandalias de nuestra propia importancia? Enséñanos que los necesitados aquí, somos nosotros; recuérdanos lo ignorante que somos para hablar de ti.

Instrúyenos otra vez, pero no lo hagas desde tu perfección. Háblanos como en antaño, desde la sombra del brillo de tu gloria. Y por tu gracia, ayúdanos a desmontar los reflectores sobre nosotros para que el exaltado seas tú. Enséñanos a contemplarte en tu Palabra para confesar: 'A él conviene crecer, y a mí menguar'. ¡Te necesitamos, Señor! Lo único que tenemos para convencerte es que somos, de todos los pecadores, los más necesitados de ti. **Amén**".

SESIÓN 1

LA A EN LA PREDICACIÓN: AUTOR, NO LECTOR

INTRODUCCIÓN

La predicación cristiana reconoce a la Biblia como su única fuente de autoridad. Existen enfoques para el estudio de la Biblia. El predicador debe escoger el enfoque correcto para el estudio de las Escrituras. De esto depende en buena parte, si su mensaje será para salvación o para condenación de la audiencia.

Estudiar la pura letra de la Biblia ejerce una influencia malsana, *"porque la letra mata"*. Hasta que logramos conectar a Cristo con la doctrina experimentamos que *"el espíritu da vida"* (2 Cor. 3:6). Sin Cristo, el conocimiento de las Escrituras que debiera iluminarnos, nos enceguece.

Apuntes

"Por todos padeció Jesús clavado en una cruz. Eso es lo que me ha enamorado de él y solo por eso, él lo es todo para mí".
—*María Vallejo-Nágera*

Apuntes

SE TRATA DE ÉL

Juanita recibió muchos regalos el día de su graduación, entre ellos uno de un joven profesor de ingeniería. Pronto supo que el regalo se trataba de un libro, sin prestarle ninguna atención. Meses después, creció una relación entre ella y el joven hasta enamorarse y hacer planes para casarse. Un día, mientras conversaban sobre sus planes, su prometido quiso saber de aquel regalo. La joven eludió la respuesta a como pudo, pero al llegar a su apartamento aquella noche, fue a encontrar el libro y al advertir en la portada que su amado era el autor, no está demás decir que Juanita se lo leyó de tapa a tapa. Aunque se trataba de un contenido que antes era irrelevante para ella, todo cambió porque había leído la dedicatoria que su futuro esposo le había escrito en la primera página del libro.

LA LLEGADA

"A los suyos vino, y los suyos no le recibieron" (S. Juan 1:11).

TRES APLICACIONES

1. Dios anhela relacionarse con nosotros.

2. Dios toma la iniciativa de relacionarse con la humanidad.

3. Dios desea una relación más íntima de lo que podemos imaginar.

24 | Bases para una *predicación sana*

LUPA TEOLÓGICA

Según Gerhard Kittel en *Theological Dictionary of the New Testament* y la página 413, la raíz griega que aparece en S. Juan 1:11 es el término (παραλαμβάνω) "paralambanó", cuyo significado literal es: "estrecha comunión".

Apuntes

"La historia de la Escritura se repite en cuatro frases a través de sus páginas:
1- Yo te amo.
2- Yo estoy contigo.
3- No temas.
4- Regresa a casa".

—*Rich Villodas*

PARA REFLEXIONAR

¿Te imaginas que el chico le muestre su álbum fotográfico a su enamorada, y ella no haga ningún comentario acerca de él, y en su lugar ella hable de ropa, de juguetes, de marcas de autos y de otras cosas, pero no de él? Hemos perdido de vista a Jesús en su propio álbum. La Biblia es el álbum que contiene todas las imágenes de Jesús pretendiéndonos, procurando volver a conquistar nuestro corazón.

¿EN QUÉ ASPECTO DE LA PREDICACIÓN DEBERÍAMOS DESTACARNOS?

"Muchos de nuestros predicadores se han contentado con hacer meramente sermones, presentando temas de una manera argumentativa, haciendo escasa mención del poder salvador del Redentor. Su testimonio estaba desprovisto de la sangre salvadora de Cristo. Su ofrenda se parecía a la de Caín. Este trajo al Señor los frutos de la tierra, que en sí mismos eran aceptables a Dios. Los frutos eran muy buenos; pero faltaba la virtud de la ofrenda: la sangre del cordero inmolado, que representaba la sangre de Cristo. Así sucede con los sermones sin Cristo. No producen contrición de corazón en los hombres, ni los inducen a preguntar: ¿Qué debo hacer para ser salvo? Los adventistas del séptimo día debieran destacarse entre todos los que profesan ser cristianos, en cuanto a levantar a Cristo ante el mundo", (Elena G. de White, *El evangelismo*, p. 141).

DOS ENFOQUES DEL ESTUDIO DE LA BIBLIA

Cleofas y su amigo, cuyo nombre se desconoce, caminaban de regreso a Emaús. Andaban alicaídos, con su fe por los suelos. ¿La razón? Jesús los había chasqueado. Habían entendido que él era el Mesías que había venido a liberarlos del yugo romano, sin embargo, fue crucificado; y si había resucitado, no se sabía a ciencia cierta, dónde estaba.

Jesús los escuchó con paciencia. Ellos no advirtieron su compañía. El Maestro se dio cuenta que la causa de sus conclusiones erradas, era el enfoque de estudio de las Escrituras.

Este relato registrado en San Lucas 24 nos enseña que existen básicamente dos enfoques para el estudio de la Biblia: el enfoque centrado en el lector y el enfoque centrado en el Autor. Jesús ayudó a los dos discípulos y repasó las mismas profecías concernientes al Mesías, centrándose en él como Autor, enfoque correcto para estudiar las Escrituras (Véase S. Lucas 24:27).

Analicemos los siguientes contrastes aclaradores:

COMPARACIÓN DE LOS DOS ENFOQUES	
1 - OBJETIVO	
Centrado en el **LECTOR**	Centrado en el **AUTOR**
"Pero nosotros esperábamos que él era el que había de redimir a Israel; y ahora, además de todo esto, hoy es ya el tercer día que esto ha acontecido" (S. Lucas 24:21).	"Y comenzando desde Moisés, y siguiendo por todos los profetas, les declaraba en todas las Escrituras lo que de él decían" (S. Lucas 24:27).
Validar su propia interpretación.	*Hallar a Jesús en todas las Escrituras.*
2 - INTENCIÓN	
Centrado en el **LECTOR**	Centrado en el **AUTOR**
"Pero nosotros esperábamos que él era el que había de redimir a Israel; y ahora, además de todo esto, hoy es ya el tercer día que esto ha acontecido" (S. Lucas 24:21).	"Entonces les fueron abiertos los ojos, y le reconocieron; mas él se desapareció de su vista" (S. Lucas 24:31).
Confirmar sus propias opiniones.	*Darse cuenta que necesita a Jesús, más de lo que se imagina.*

3 - CONTENIDO

Centrado en el **LECTOR**	Centrado en el **AUTOR**
"Aunque también nos ha asombrado unas mujeres de entre nosotros, las que antes del día fueron al sepulcro; y como no hallaron su cuerpo, vinieron diciendo que también habían visto visión de ángeles, quienes dijeron que él vive" (S. Lucas 24:22-23).	"Se decían el uno al otro: ¿No ardía nuestro corazón en nosotros, mientras nos hablaba en el camino, y cuando nos habría las Escrituras? Y levantándose en la misma hora, volvieron a Jerusalén, y hallaron a los once reunidos, y a los que estaban con ellos" (S. Lucas 24:32-33).
Confusión y angustia.	*Entusiasmo y felicidad.*

4 - CLIMA INTERIOR

Centrado en el **LECTOR**	Centrado en el **AUTOR**
"Y les dijo: ¿Qué pláticas son estas que tenéis entre vosotros mientras camináis, y por qué estáis tristes?" (S. Lucas 24:17).	"Se decían el uno al otro: ¿No ardía nuestro corazón…, mientras nos hablaba en el camino, y cuando nos abría las Escrituras?" (S. Lucas 24:32).
Tristeza e inseguridad.	*Alegría y confianza.*

5 - CONSECUENCIA

Centrado en el **LECTOR**	Centrado en el **AUTOR**
"Entonces él les dijo: ¡Oh insensatos, y tardos de corazón para creer todo lo que los profetas han dicho!" (S. Lucas 24:25).	"Y comenzando desde Moisés, y siguiendo por todos los profetas, les declaraba en todas las Escrituras lo que de él decían" (S. Lucas 24:27).
Impedimento para la comprensión de las Sagradas Escrituras.	*Facilitación y apertura de la mente para entender la Biblia.*

6 - RESULTADO

Centrado en el **LECTOR**	Centrado en el **AUTOR**
"Entonces él les dijo: ¡Oh insensatos, y tardos de corazón para creer todo lo que los profetas han dicho! ¿No era necesario que el Cristo padeciera estas cosas, y que entrara en su gloria?" (S. Lucas 24:25-26).	"Llegaron a la aldea a donde iban, y él hizo como que iba más lejos. Mas ellos le obligaron a quedarse, diciendo: Quédate con nosotros, porque se hace tarde, y el día ya ha declinado. Entro, pues, a quedarse con ellos" (S. Lucas 24:28-29).
Desánimo del estudio de las Escrituras.	*Deseos de estudiar más las Escrituras.*

7 - VOCACIÓN

Centrado en el **LECTOR**	Centrado en el **AUTOR**
"Y como le entregaron los principales sacerdotes y nuestros gobernantes a sentencia de muerte, y le crucificaron. Pero nosotros esperábamos que él era el que había de redimir a Israel; y ahora, además de todo esto, hoy es ya el tercer día que esto ha acontecido" (S. Lucas 24:20-21).	"Y levantándose en la misma hora, volvieron a Jerusalén, y hallaron a los once reunidos, y a los que estaban con ellos, que decían: Ha resucitado el Señor verdaderamente, y ha aparecido a Simón" (S. Lucas 24:33-34).
Rumiar quejas.	*Testificar de Jesús.*

RESUMEN DEL ENFOQUE CENTRADO EN EL LECTOR:

"Si el estudio de la Biblia produce confusión y no claridad; más culpabilidad que perdón; sensación de angustia, no esperanza; miedo al tiempo del fin e inseguridad sobre la salvación, son pruebas contundentes de que se la estudia centrándose en el lector, no en el Autor. **Jesús, su divino autor**, se revela en su Palabra como el manantial inagotable de nuestra sed espiritual. **Jesús es nuestra garantía de salvación**, no gracias a nuestros intentos de obediencia imperfecta sino, gracias a su perfecta obediencia. **Jesús es nuestro refugio y el Amigo infaltable** que permanecerá a nuestro lado, pase lo que pase y venga lo que venga, hasta el fin del mundo". –Jfar.

Perfil psicológico resultante del estudio de la Biblia centrado en el LECTOR:

- Ansiedad
- Inseguridad
- Incredulidad
- Dolor
- Frustración
- Miedo
- Inacción

PELIGROS DE CENTRARSE EN EL YO

"Cuando pensamos mucho en nosotros mismos nos alejamos de Cristo, la fuente de la fortaleza y la vida. Por esto Satanás se esfuerza constantemente por mantener la atención apartada del Salvador, a fin de impedir la unión y comunión del alma con Cristo. No nos dejemos engañar por sus maquinaciones. Con demasiada frecuencia logra que muchos, realmente concienzudos y deseosos de vivir para Dios, se detengan en sus propios defectos y debilidades, y separándolos así de Cristo, espera obtener la victoria. No debemos hacer del yo el centro de nuestros pensamientos, ni alimentar ansiedad ni temor acerca de si seremos salvos o no. Todo esto desvía el alma de la Fuente de nuestra fortaleza. **Encomendemos a Dios la custodia de nuestra alma, y confiemos en él. Hablemos del Señor Jesús y pensemos en él. Piérdase en él nuestra personalidad. Reposemos en Dios**" (*El camino a Cristo*, pp. 105-106. Énfasis agregado).

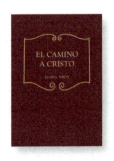

RESUMEN DEL ENFOQUE CENTRADO EN EL AUTOR:

"Hay una gran verdad que siempre debe mantenerse en la mente cuando se escudriñan las Escrituras: **Cristo crucificado**. Toda otra verdad está investida con la influencia y el poder correspondientes a su relación con este tema".

(Elena G. de White, *A fin de conocerle*, p. 208. Énfansis agregado).

Perfil psicológico resultante del estudio de la Biblia centrado en el AUTOR:

- Esperanza
- Confianza
- Sano juicio
- Humildad
- Armonía
- Paz
- Servicio

EJERCICIO:

Estudiar la Biblia centrada en el lector nos hace imaginar de modo distorsionado la manera como Dios nos ve, y también, la manera como nos vemos a nosotros mismos.

Para reforzar nuestra identidad en Cristo, haremos el ejercicio de la página 33 de esta SESIÓN, titulado:

El cubo de la identidad del predicador.

TRES PREGUNTAS ANTES DE PREDICAR

1. ¿De qué forma este sermón me hace sentir que necesito a Jesucristo, más que todo el mundo?
   _____
   _____

2. ¿Qué aspecto o rasgo de Jesús, mi precioso redentor, exalto con este sermón?
   _____
   _____

3. ¿Cómo me estoy asegurando que Jesús sea el único exaltado, y que mi yo resulte menguado en este sermón?
   _____
   _____

Apuntes

CENTRO DE LA HERMENÉUTICA Y CENTRO DE LA HOMILÉTICA

"El sacrificio de Cristo como expiación del pecado es la gran verdad en derredor de la cual se agrupan todas las otras verdades. A fin de ser comprendida y apreciada debidamente, cada verdad de la Palabra de Dios, desde el Génesis al Apocalipsis, debe ser estudiada a la luz que fluye de la cruz del Calvario. Os presento el magno y grandioso monumento de la misericordia y la regeneración, de la salvación y redención —el Hijo de Dios levantado en la cruz. Tal ha de ser el fundamento de todo discurso pronunciado por nuestros ministros" (Elena G. de White, *El evangelismo*, p. 142).

LA NUEVA HERMENÉUTICA

"Dos discípulos judíos que escucharon al Señor resucitado dieron este testimonio: '¿Acaso no ardía nuestro corazón mientras nos hablaba en el camino y nos explicaba las Escrituras? (S. Lucas 24:32). Entonces, ¿cuál fue el tema de Jesús que provocó que su corazón ardiera? El Evangelio dice: 'Partiendo de Moisés, y siguiendo por todos los profetas, comenzó a explicarles todos los pasajes de las Escrituras que hablaban de él' (S. Lucas 24:27). El cambio de opinión provino de la nueva hermenéutica cristocéntrica que Jesús aplicó a las Escrituras de Israel" (Jon Paulien y Hans K. LaRondelle, *Cómo encontrar a Jesús en toda la Biblia*, p. 59).

TALLER DE SERMONES

El ministerio de la predicación parte del hecho que la predicación es un arte, y como todo arte, requiere de la aplicación de las "5 P'S: **(1)** propósito, **(2)** plan, **(3)** persistencia, **(4)** perfeccionamiento, y **(5)** paciencia.

El arte del buen sermón empieza con el arte del buen bosquejo.

EL BUEN BOSQUEJO

- Es breve.
- Fácil de recordar.
- Ayuda en la didáctica.
- Se construye con palabras, ideas o personajes clave del texto.
- Conduce a un clímax.

EJEMPLO #1

Jabes: el líder y la visión

Texto: "Jabes le **_rogó_** al Dios de Israel, diciendo: 'Bendíceme y **_ensancha_** mi territorio; **_ayúdame_** y líbrame del mal, para que no padezca aflicción'. Y Dios le concedió su petición" (1Crónicas 4:10. Énfasis agregado).

A. El origen de la visión: la **_oración._**

    a. La visión sin oración es alucinación.
    b. La prueba del líder que ora es ser visionario.

B. El significado de la visión: el **_ensanchamiento._**

    a. El líder visionario se incómoda en la "zona cómoda".
    b. El líder visionario se mueve al siguiente nivel.

C. El éxito de la visión: la **_ayuda_** de Dios.

    a. Líderes visionarios piden ayuda divina.
    b. Dios ayuda a líderes que le piden ayuda.

> "Es curioso observar cómo Jesús, que habla constantemente del 'reino de Dios', no llama a Dios 'rey', sino 'Padre'."
> —José Antonio Pagola

EJEMPLO #2

Jesús: el líder en su hora de crisis

Texto: " 'Es tal la angustia que me invade, que me siento **morir** –les dijo–. **Quédense** aquí y manténganse despiertos conmigo'. Yendo un poco más allá, se postró sobre su rostro y oró: '**Padre** mío, si es posible, no me hagas beber este trago amargo. Pero no sea lo que yo quiero, sino lo que quieres tú' " (S. Mateo 26: 38, 39. NVI. Énfasis agregado).

A. Lo peor que puede sentir: **morirse.**

    a. El líder se deja ser un ser humano.

    b. El líder expresa lo que siente sin reprimirse.

B. Lo mejor que puede desear: que otros se **queden** con él.

    a. Los seres humanos nos necesitamos unos a otros.

    b. Los líderes necesitan de una red de apoyo.

C. Lo único que lo puede sostener: que Dios es su **Padre**.

    a. Las crisis hacen dudar quién es uno.

    b. La identidad reside en que somos hijos de Dios.

Plegaria

Señor Jesús, perdóname por haber ocupado tu lugar. Perdóname por haber pensado que mi yo era más importante que el gran Yo soy.
Abre mis ojos espirituales para hallarte en cada historia, profecía y poesía de las Escrituras, y que al predicar, no haya un gozo mayor que enseñar a otros a hallarte en las Escrituras.
Que así sea con el auxilio de tu Santo Espíritu.
Amén

EL CUBO DE LA IDENTIDAD DEL PREDICADOR

Ejercicio No. 1

"Aquí estoy como resultado de tu bondad".
—Agustín de Hipona.

1. SABER
Dios me escogió desde antes de la fundación del mundo.

"Bendito sea... [el] Padre [del] Señor Jesucristo... según nos escogió en él antes de la fundación del mundo..." (Efesios 1:3-4).

2. RECORDAR
Dios me considera infinitamente valioso, gracias a Cristo.

"Porque yo soy el Señor tu Dios... eres muy precioso para mí" (Isaías 43:4. NTV).

3. ACEPTAR
Dios, mi Padre, me ama sin condiciones.

"Yo te he amado, pueblo mío, con un amor eterno. Con amor inagotable te acerqué a mí" (Jeremías 31:3. NTV).

4. AGRADECER
Dios me ha declarado completo, gracias a Jesucristo.

"En Cristo habita... la plenitud de la deidad, y vosotros estáis completos en él" (Colosenses 2:9-10).

5. RECONOCER
Dios me declara perfecto, gracias a la vida perfecta de Cristo.

"Nosotros anunciamos a Cristo..., enseñando a todos... para presentarlos perfectos en Cristo" (Colosenses 1:28. DHH).

6. APLICAR
Por la gracia de Dios soy totalmente capaz.

"Nuestra capacidad viene de Dios. Él nos ha capacitado para ser servidores de un nuevo pacto" (2 Corintios 3:5-6. NVI).

© Juan Francisco Altamirano / —JFAR

Lee las siguientes cinco mentiras mentales sobre tu identidad, y escoge **DEL CUBO DE LA IDENTIDAD**, un antídoto o respuesta bíblica para cada una:

1. Tengo que demostrar, a mí y a otros, que he sido escogido por Dios: ___

2. Todavía no soy lo suficientemente capaz para servir a Dios: ___

3. Hasta que yo me sienta perfecto espiritualmente, seré idóneo para ministrar a los demás: ___

4. Me hace falta mucho para merecer el amor de Dios: ___

5. Si tan solo la gente me dijera que le gusta mi estilo de predicación, mi personalidad y la manera en que ejerzo mi liderazgo, yo me sentiría completo para servir a Dios: ___

LA **A** EN LA PREDICACIÓN: **AUTOR**, NO LECTOR

LAS 4 BASES

> "La contemplación del amor de Dios manifestado en su Hijo conmoverá el corazón y despertará las facultades del alma como ninguna otra cosa puede hacerlo.
> (El Deseado de todas las gentes, p. 444)."

Sesión 1 — A
AUTOR, NO LECTOR
MIRADA

Sesión 2 — B
MANDATO

BOSQUEJO, **NO PARLOTEO**

Sesión 3 — C
CRUZ, NO CONDUCTA
META

Sesión 4 — D
DIOS, NO TRAUMAS
MODELO

"La Biblia no se nos dio para aumentar nuestro conocimiento, sino para cambiar nuestra vida".
Dwight L. Moody

SEGUNDO DEVOCIONAL

¿QUIÉN ES IDÓNEO PARA **PREDICAR**?

*Nunca preguntó si teníamos **los atributos***

"Si somos infieles, él sigue siendo fiel, ya que no puede negarse a sí mismo. Esfuérzate por presentarte a Dios aprobado, como obrero que no tiene de qué avergonzarse y que interpreta rectamente la palabra de verdad" **(2 Timoteo 2:13, 15. NVI).**

TRES APLICACIONES

1. Dios requiere predicadores **APROBADOS**.
2. Sin embargo, todos tenemos el egoísmo de raíz, motivo para sentirnos **AVERGONZADOS**.
3. El único **APTO** aquí, es Jesucristo, y gracias a su fidelidad el Cielo nos declara aprobados ante todo el universo.

PLEGARIA

"**Señor**, ¿quién soy yo, sino aquel niño junto al mar que ha cavado un hoyo con sus manos intentando vaciarte dentro de un sermón? Eres un océano lleno de belleza infinita. ¿Cómo contenerte en el huequito de mi corazón? ¿Cómo describirte? No pido la melodía de palabras bonitas si tú no estás en ellas; solo anhelo ser atrapado por tu belleza para que al menos un alma, tan solo una, al sentirme hablar de ti, te anhele, y desee experimentar por cuenta propia tu amor infinito. **Amén**".

SESIÓN 2

LA B EN LA PREDICACIÓN: BOSQUEJO, NO PARLOTEO

INTRODUCCIÓN

El sermón requiere una estructura para sostenerse. La estructura del sermón es el bosquejo. Un buen bosquejo es mejor para el sermón que un predicador elocuente. El buen bosquejo asegura la atención del oyente con menos escuela, como la del creyente con más escolaridad. Y sobre todo ayuda a fijar la enseñanza del sermón en la mente de toda la audiencia.

Según Martyn Lloyd-Jones en su libro *La predicación y los predicadores* y la página 239, Charles Spurgeon, el gran predicador, "no escribía sus sermones de manera completa; simplemente preparaba y utilizaba un bosquejo".

Apuntes

"El corazón es el que hace elocuentes a los hombres".
—Quintiliano

ELOCUENCIA VS. BOSQUEJO

Tener fluidez de palabras podría ser la trampa con la que tropiece el predicador. El sabio nos advierte en Proverbios 10:19: "En las muchas palabras no falta pecado". La idea del bosquejo no es tanto la economía de las palabras, como la administración correcta de ellas. Un buen orador debe tener algo de carpintero, no ha de cortar las palabras sin antes medirlas dos veces. Aunque el bosquejo no contiene todas las palabras, al menos incluye las principales puesto que, "el que refrena sus labios, es prudente" (10:19b).

ELOCUENCIA Y SENCILLEZ

Para algunos amantes de la oratoria pareciera que no tiene lugar hablar con sencillez, como si la elocuencia y la sencillez estuvieran en riña. Sin embargo, de acuerdo a Timothy Keller en su obra *La predicación* en la página 18, al citar a Calvino dice "que no deberíamos menospreciar las expresiones simples de la verdad ni la oratoria competente, siempre que estén al servicio del texto. 'La elocuencia no está para nada en desacuerdo con la simplicidad del evangelio, cuando le da su lugar y está sujeta a este, pero además cuando le rinde un servicio, como una doncella a su señora' ".

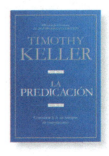

Si decir mucho en pocas palabras forma parte de saber hablar, también saber cuándo callar pertenece al mismo arte. El revolucionario ejercicio de hablar menos y callar más. Fue Ernest Hemingway quien dijo que "se necesitan dos años para aprender a hablar y sesenta para aprender a callar". Las palabras y los silencios son vehículos para comunicar más que sujeto, verbo y predicado cuando predicamos.

ELOCUENCIA Y ESENCIA

"Procura con diligencia presentarte a Dios aprobado, como obrero que no tiene de qué avergonzarse, que **usa** bien la palabra de verdad" (2 Timoteo 2:15. Énfasis agregado).

LUPA TEOLÓGICA

De acuerdo al *Compendio del diccionario teológico del Nuevo Testamento* de Gerhard Kittel, página 1152, la raíz griega *orthotomeō*, que le da origen al verbo traducido como "usar", o "trazar" en otras versiones, tiene la idea de abrir camino, de construir una carretera.

Según el contexto (véase 2 Timoteo 2:13), lo que constituye una carretera entre el mensajero y su público, no es el parloteo vacío, es Cristo. Su carácter por el nuestro, su sustancia por la nuestra. Es el Verbo viviente en nosotros. Antes de tener la vocación de ser predicadores, tenemos la vocación de ser como Cristo.

EL ARTE DEL SERMÓN

Correcto, predicar es considerado un arte, un arte que, como tocar un violín, pintar sobre lienzo, bordar, esculpir, o cualquiera otro, se vale de la práctica con el tiempo para dominarse. El arte de la predicación comienza con la elaboración del bosquejo del sermón. ¡Todo un desafío! No hay arte que sea fácil; perfeccionarlo, siempre requiere de una diligencia tenaz. Representa un trabajo arduo y extenso. Es lo que afirma Timothy Keller en la página 15 de su libro *La predicación*: "Entender el texto bíblico; extraer un tema y un bosquejo claros; desarrollar un argumento persuasivo; enriquecerlo con ilustraciones conmovedoras, metáforas y ejemplos prácticos; analizar de forma incisiva las motivaciones del corazón y las suposiciones culturales; hacer aplicaciones específicas para la vida real... **todo esto requiere un trabajo extenso. Preparar un sermón como este requiere horas de trabajo y lleva años de práctica** poder elaborarlo y presentarlo con habilidad" (Énfasis agregado).

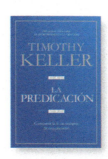

HABLEMOS DEL BOSQUEJO

Predicar es comunicar ideas ordenadas hacia un objetivo. Para llegar al objetivo hace falta un camino. El predicador elabora el bosquejo del sermón para conducir a su audiencia hasta el objetivo de su mensaje.

Apuntes

"En inglés, hay un hermoso sinónimo del verbo bautizar, que no existe en ningún otro idioma, el verbo christen. La raíz proviene del sustantivo Cristo y del sufijo griego en, que significa 'hacer'. Cuando emblanqueces una habitación, la haces blanca. Cuando embelleces una habitación, la haces bella. Cuando te envalentonas, te haces valiente. Cuando Dios encristece a una persona, Dios la hace como Cristo.
—Brennan Manning

¿QUÉ ES EL BOSQUEJO BÍBLICO?

La Biblia se parece a un álbum fotográfico que reúne las impresiones del carácter de Dios, según impactó la mente de sus escritores, profetas y apóstoles. Al estudiar su Biblia, es privilegio del predicador dejarse cautivar por el amor irresistible de su Autor. Entonces ahí, nace el bosquejo. Las retinas espirituales del predicador hacen "clic" en el instante que son cautivadas al adorar "a Jehová en la hermosura de la santidad" (Salmo 29:2). El corazón no puede callar. "No podemos dejar de decir lo que hemos visto y oído" (Hechos 4:20).

El bosquejo bíblico es fotografiar la mejor imagen de Dios en el texto bíblico. Nadie que contempla a Dios amándolo, sigue por la vida sin reflejarlo. El predicador llega a mirar al Señor en su hermosura, como un ciego miraría al mundo por primera vez.

La fotografía de Dios amándonos, no es mirar, es sentir. Si el predicador no puede sentir a Dios amándole con su amor inapagable, entonces no podrá decir: "Prueben y vean que el Señor es bueno. ¡Feliz el hombre que en él confía!" (Salmo 34:8. DHH).

La predicación no es hablar bien, es predicar con encanto, encantado por el amor de Dios. La predicación es la acción de Dios haciéndole la pregunta al ser humano: "¿Quieres ser mi amigo?" (Job 22:21; S. Juan 15:15). Y el predicador, fascinado por el divino amor, exclama como el discípulo amado: "Mirad cuál amor nos ha dado el Padre" (1 Juan 3:1).

IMPORTANCIA DEL BOSQUEJO

"Puesto que ya muchos han tratado de poner en orden la historia de las cosas que entre nosotros han sido ciertísimas, tal como nos lo enseñaron los que desde le principio vieron con sus ojos, y fueron ministros de la palabra, me ha parecido también a mí, después de haber investigado con diligencia todas las cosas desde su origen, escribírtelas por orden, oh excelentísimo Teófilo" (S. Lucas 1:1-3).

APLICACIONES

1. El bosquejo pone en orden el conocimiento17
_____
_____

2. haciéndolo entendible (a "Teófilo" / audiencia)
_____
_____

3. de acuerdo a nuestra lógica.
_____
_____

EXTENSIÓN DEL BOSQUEJO

Según Orlando Costas en su libro *Comunicación por medio de la predicación* y las páginas 167-168, "la extensión del bosquejo varía de un predicador a otro. Hay algunos predicadores que usan bosquejos detallados; otros, llevan al púlpito notas más breves... normalmente, el predicador no debe usar un bosquejo demasiado largo. Ello puede robarle su eficacia comunicativa".

CARACTERÍSTICAS DEL BOSQUEJO

El bosquejo eficaz para una predicación exitosa debe ser como las **"ubas"** (entre comillas porque suena como las "uvas"). Cuenta con al menos las siguientes características:

1. Unidad en su tema. El predicador elige tratar un tema a la vez.

Apuntes

"La elocuencia es la pintura del pensamiento".
—Blaise Pascal

2. **Brevedad en sus puntos.** No se recomiendan más de tres. Mientras más puntos contenga el sermón será más difícil retener la atención de la audiencia, y más difícil será comunicar el mensaje.

3. **Armonía en el desarrollo de sus ideas.** Las tres partes hacen un todo como un trío de voces en un concierto musical.

4. **Secuencia lógica en su orden.** El bosquejo organiza las ideas para que los adoradores no salgan de la iglesia con sus mentes según Génesis 1:2 (desordenadas y vacías).

EJEMPLO DE UN BUEN BOSQUEJO

Basados en S. Mateo 28:18-20, cuyo tema es la Gran Comisión Evangelística, el bosquejo quedaría así:

1. El **PODER** para la Gran Comisión: 28:18.
2. El **PLAN** para la Gran Comisión: 28:19-20a.
3. La **PROMESA** de la Gran Comisión: 28:19-20.

VENTAJAS DEL BOSQUEJO

Las personas que se sientan a escuchar a un predicador, son un público cautivo expuesto a cualquier clase de errores y falencias en la predicación pública; usar un bosquejo al predicar nos evita caer en cualquiera de las siguientes deficiencias:

1. **Protege contra el complejo de "picaflor".** El predicador salta de un tema a otro haciendo del contenido de su sermón una ensalada de difícil digestión para la audiencia.

2. **Protege contra el complejo de "piloto loco".** El predicador apaga motores de repente y cae de súbito, o yendo de caída, retoma el vuelo. No sabe lo que quiere y confunde a la audiencia.

3. **Protege contra el complejo de "abeja agotada".** Se le acabaron las ideas, no tiene más contenido, se siente expuesto ante el público que espera, y acaba sin más.

PRIMER PASO: HABLAR CON EL AUTOR

El anhelo de Dios es comunicarse con el predicador, porque éste actúa como vocero suyo. De acuerdo a E. M. Bounds en su obra *El predicador y la oración* en la página 10, "el sermón, el sermón real, es hecho en la cámara secreta". El hombre y la mujer de Dios son hechos "en la cámara secreta". Es "la oración [la que] hace al predicador".

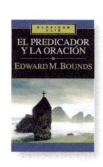

Predicar no es hablar acerca de Dios, es dar testimonio de lo que se ha vivido en primera persona con Dios. Predicar no es decir lo que otros digan de Dios, es compartir lo que uno experimentó con Dios.

El renombrado predicador adventista, H. M. S. Richards, aclara en su libro *Apacienta mis ovejas:* "Ustedes y yo nunca seremos predicadores hasta

Apuntes

"No es lo que el orador dice, sino quién es, lo que da peso a la elocuencia".
—Eurípedes de Salamina

que seamos testigos, hasta que Cristo haya hecho algo por nosotros" (p. 29).

El profeta Jeremías registró (23:21) el siguiente reclamo de Dios: "Yo no envié a esos profetas, pero ellos corrieron; *ni siquiera les hablé, pero ellos profetizaron*" (Énfasis agregado). No basta remedar, porque, repetir lo que otros han dicho acerca de Dios no es conocer a Dios.

Para no correr sin haber sido enviado, las siguientes dos peticiones en los labios del predicador al Señor, marcarán la diferencia al crear su bosquejo.

1. "Señor, ¿quieres concederme un corazón sensible, capaz de reconocer tu voz?".

2. "Señor, ¿quieres concederme una voluntad dócil, como un niño dispuesto a dejarse guiar por tu voluntad?".

SEGUNDO PASO: ESCOGER EL TEXTO BÍBLICO

El predicador se debe a la Biblia. Ella es la voz de Dios. Son las Escrituras las que transforman su corazón. Es su corazón transformado el que le da sentido y poder a sus palabras al predicar. Proclamar la Palabra de Dios sucede después de que el predicador ha estado en el "consejo" de Dios (Jer. 23:22). En audiencia con el Altísimo surge la petición del vocero del Señor: "Padre, acepto que mis palabras no son suficientes, pues son estériles, incapaces de llevar vida al corazón doliente; ¿quieres impresionarme con un texto bíblico que sea el agua de tu manantial para el desierto de mi corazón?".

El predicador continúa su lectura de las Escrituras. En su momento Dios lo sorprenderá. Lo impresionará sobre cuál texto bíblico predicar. Así, mientras transcurre su tiempo a solas con la Palabra, el vocero del Cielo se está preguntando: ¿Qué texto al leerlo me acelera tanto el corazón, como gritándome apasionadamente: "¡Predícame! ¡Predícame! ¡Predícame!"?

El célebre predicador Charles Spurgeon solía decir que "cuando un pasaje de las Escrituras nos da como un cordial abrazo, no debemos buscar más lejos. **Cuando un texto se apodera de nosotros, podemos decir que aquél es el mensaje de Dios para nuestra congregación**" (Samuel Vila, *Manual de homilética*, p. 11. Énfasis agregado).

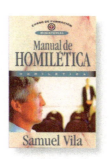

Dios conoce su Palabra a fondo y solo él conoce a fondo las necesidades del corazón humano. Según Haddon W. Robinson en su libro *La predicación bíblica* en la página 54, "el expositor sirve como constructor de puentes, esforzándose por vincular la Palabra de Dios con las preocupaciones de los hombres y las mujeres. Para ello tiene que estar familiarizado con las necesidades de la iglesia como con el contenido de su Biblia".

TERCER PASO: MEDITAR EN EL PASAJE

Las Sagradas Escrituras contienen el alimento del predicador. Le corresponde nutrirse de las Palabras de Dios. Para nutrirse de la Biblia el expositor medita en el pasaje bíblico seleccionado para predicar, hasta decir como el salmista (119:103): "¡Cuán dulces son a mi paladar tus palabras! Más que la miel a mi boca".

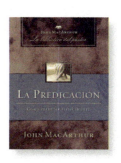

John McArthur en su obra *La predicación* y la página 253, reconoce lo siguiente: "La meditación concentrada en las verdades de la Palabra de Dios teje esas verdades en la tela de nuestras vidas. Quizás Pablo tenía este proceso en mente cuando le dijo a Timoteo que estuviera continuamente 'nutrido con las palabras de la fe y de la buena doctrina que has seguido' (1 Timoteo 4:6)".

El siguiente gráfico nos ofrece una idea sobre las preguntas que debemos hacernos para que la meditación impacte las cuatro áreas de la vida: emocional, racional, espiritual y práctica.

GUÍA PARA LA MEDITACIÓN BÍBLICA

CUARTO PASO: ENFOCAR EL TEMA CENTRAL

Las Sagradas Escrituras fueron escritas por muchos escritores, bajo un solo Autor. El predicador de la Biblia es vocero del Autor. Hallar a su Autor en el estudio de la Biblia es la mayor necesidad del predicador. Este encuentro no es un acto casual, sino, intencional.

Los seres humanos no estábamos destinados a vivir sin ninguna visión de nuestro Creador. De ahí que bajó Dios para dejarse ver, y que lo viéramos sonreír y llorar; sentirlo amándonos. El apóstol Pablo en varias ocasiones insta a sus lectores a ver a Jesús. Dice, "pero **vemos** a aquel que fue hecho un poco menor que los ángeles" (Hebreos 2:9. Énfasis agregado). Además, "**considerad** al apóstol y sumo sacerdote de nuestra profesión, Cristo Jesús" (Hebreos 3:1. Énfasis agregado). La invitación clásica es la que aparece en 12:2 de su misma carta a los Hebreos: "**Puestos** los ojos en Jesús" (Énfasis agregado).

> **LUPA TEOLÓGICA**
>
> David F. Burt en su obra *En busca de la ciudad eterna* y la página 22, aclara que "la palabra traducida 'puestos' en griego... no es 'poner' de cualquier manera. Es 'desviar la mirada' de unas cosas a fin de ponerla en otra. Es un acto intencional y deliberado. Implica no solo que hemos de llenar de Jesucristo nuestra visión, sino también que, para hacerlo, debemos dejar de llenarla de otras cosas".

Si el tema central de toda la Biblia es la salvación en Cristo como dice 2 Timoteo 3:15, entonces, todas sus partes como los rayos de una bicicleta, se unen a su centro. De acuerdo a John Stott en su obra *Cómo comprender la Biblia* y la página 19, "la Biblia no es principalmente un libro de ciencia, ni de literatura, ni de filosofía, sino de salvación".

El predicador tiene presente a Jesús como tema central de las Escrituras, a la vez que sabe identificar el tema dominante del pasaje seleccionado para su sermón. Veamos tres pistas para hallar el tema central del texto bíblico: Por ejemplo en 1 Corintios 3:6-9 observamos (1) la progresión lógica de las ideas; el apóstol usa tres verbos, los tres interrelacionados: plantar, regar, crecer. El tema que trata aquí es la plantación de iglesias. Otra pista sería (2) distinguir la palabra que más se repite. La carta a los Hebreos nos da el ejemplo. Aquí la palabra que más usa el apóstol Pablo es el adverbio "mejor"; refiriéndose a Jesús existe un mejor sacerdocio, un mejor santuario, un mejor sacrificio, un mejor pacto, un mejor profeta, etc. Aparece no menos de diez veces. El tema primordial de la Epístola a los Hebreos es que Jesús es mejor a todos. La otra pista (3) es atender el enunciado directo. Es el caso de la Epístola de Pablo a Tito, basta una lectura rápida para darnos cuenta que su tema es el liderazgo de Tito en la Isla de Creta (véase Tito 1:5).

> *"El discurso elocuente no es de boca a oreja, sino de corazón a corazón".*
> —William Jennings Bryan

Apuntes

QUINTO PASO: LEER TODO ACERCA

La Biblia es la fuente de información primaria del sermón. Sin embargo, la Biblia es más que una fuente de información. **El estudio de la Biblia es el encuentro de dos que se aman.** No se trata de un libro más. La Biblia es el único libro cuyo autor está presente cuando se lo estudia. El predicador que ha probado el amor irresistible de Dios, siente lo mismo que el profeta en Jeremías 15:16 al escuchar al Autor: "Cuando me hablabas, yo devoraba tus palabras; ellas eran la dicha y la alegría de mi corazón, porque yo te pertenezco, Señor y Dios todopoderoso" (DHH).

Para enriquecer las ideas de tu sermón, lee más libros sobre el tema; pero comienza con el **Libro**. Nuestra fe debe estar arraigada en la Biblia (Romanos 10:17). La lectura empieza con las Sagradas Escrituras; es ella nuestro punto de partida para leer los demás libros. No vayas a beber de otras fuentes sin antes llenarte primero del **Libro**. Ábrele tu corazón a Dios y pídele que te dé amor por su Palabra, y que te lo revele en ella. Puedes pedirle además, una mente diligente y un corazón sediento de él.

La Biblia es como una mina de metal precioso que siempre ofrece más para extraer de ella. "Gloria de Dios es encubrir un asunto, pero honra del rey es escudriñarlo", nos dice el sabio en Proverbios 25:2. La honra del predicador es ir más allá de una lectura superficial de la Biblia. El sermón bíblico surge de haber _escudriñado_ las Sagradas Escrituras.

"La ignorancia no aumenta la humildad o la espiritualidad de cualquier profeso seguidor de Cristo. Un cristiano intelectual es el que puede apreciar mejor las verdades de la Palabra divina. Los que sirven inteligentemente son los que mejor pueden glorificar a Cristo" (*Consejos para los maestros*, p. 346).

LUPA TEOLÓGICA

De acuerdo al *Léxico griego-español del Nuevo Testamento* de A. E. Tuggy y la página 371, el significado de la raíz del vocablo griego para "escudriñar" (*Gr. eraunaō*) empleada por Jesús en San Juan 5:39, implica "esforzarse por investigar".

48 | Bases para una *predicación sana*

ACERCA DE LA INVESTIGACIÓN

"Puesto que ya muchos han tratado de poner en orden la historia de las cosas que entre nosotros han sido ciertísimas, tal como nos lo enseñaron los que desde el principio vieron con sus ojos, y fueron ministros de la palabra, me ha parecido también a mí, después de haber investigado con diligencia todas las cosas desde su origen, escribírtelas por orden, oh excelentísimo Teófilo" (S. Lucas 1:1-3).

APLICACIONES

1. La investigación y la inspiración no están en conflicto.

2. La investigación requiere conocer todo lo posible.

3. La investigación demanda diligencia y tiempo.

> "Un hombre debe tener una cierta dosis de ignorancia inteligente para llegar a cualquier lugar, con pasos progresivos".
> —Charles Franklin Kettering

Le estoy muy agradecido a Rick Warren por el ejemplo que hallé en su libro *Métodos de estudio bíblico personal* en las páginas 15-16. Él compara el proceso de investigación del estudiante de la Biblia con la labor de un detective:

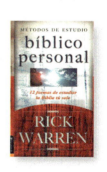

"Un buen estudiante de la Biblia sigue básicamente los mismos procedimientos que un buen investigador. Lo primero que hace un detective es salir y buscar pistas. No dice nada, no interpreta nada, no postula ninguna conclusión, sino que se limita a ver todos los detalles. Observa las cosas que otras personas por lo general podrían pasar por alto porque el detective está entrenado para observar. En segundo lugar, empieza haciendo preguntas sobre la base de lo que ha observado. En tercer lugar, después de una observación cuidadosa y de hacer preguntas, empieza a ensamblar las evidencias y a interpretar lo que tiene. En cuarto lugar, compara y establece una correlación, y junta todas las piezas de evidencias que ha encontrado, para ver cómo cada hecho se relaciona con los demás. Finalmente postula una conclusión y toma la decisión sobre lo que cree que en realidad ocurrió y quién estuvo involucrado".

Charles D. Brooks, el renombrado televangelista del programa Bread of Life, entrevistado por Derek J. Morris para el libro *Predicación bíblica poderosa*, nos hace la siguiente advertencia oportuna: "Existe el peligro de querer parecer como un erudito. Pero la Biblia dice que Jesús le hablaba a la gente común, y ellos lo escuchaban alegremente. Lea todo lo que quiera, llene su cabeza, pero cuando predique, sea sencillo, honesto, directo. La gente absorberá el mensaje de una mejor forma, se sentirá más cómoda con usted. **No trate de impresionar a sus oyentes. Interésese en ellos y ámelos**" (p. 70. Énfasis agregado).

EJERCICIO:

El predicador debe dominar el arte de hacer bosquejos para manejar el arte de la predicación.

Para reforzar la importancia de esto, haremos el ejercicio de la página 53 de esta SESIÓN, titulado:

Bosquejograma.

TALLER DE SERMONES

El buen sermón se sostiene de un buen bosquejo. El buen bosquejo hace las veces de "el mejor amigo" del predicador eficaz. Como su "mejor amigo", el buen bosquejo evita que el predicador se extravíe por los malos pasos de la improvisación. En las páginas 51 y 52 aparecen un par de ejemplos.

EJEMPLO #3

Pablo: las creencias del líder de equipo

Texto: "Yo **_planté_**, Apolos **_regó_**; pero el **_crecimiento_** lo ha dado Dios" (1 Corintios 3:6. Énfasis agregado).

A. Cree que él hace lo inicial: **_plantar_**.

   a. Nada puede ocurrir sin que un líder lo inicie.
   b. Quien crea un efecto en cadena, es un líder.

B. Cree que los demás hacen lo vital: **_regar_**.

   a. El líder admite que los aportes de otros suman mucho.
   b. Menciona por nombre a quien le corresponde el crédito.

C. Cree que Dios realiza lo más importante: **_crecer_**.

   a. Mientras el liderazgo facilita lo posible, deja a Dios hacer lo imposible.
   b. Dejarle a Dios lo imposible no es renunciar a lo posible.

"No hay mejor predicador que la hormiga que no dice nada."
—Benjamin Franklin

EJEMPLO #4

Pedro: el líder y las relaciones con sus seguidores

Texto: "Cuiden como **pastores** el rebaño de Dios que está a su cargo, no por obligación ni por ambición de dinero, sino con afán de **servir**, como Dios quiere. No sean tiranos con los que están bajo su cuidado, sino sean **ejemplos** para el rebaño", (1 Pedro 5:2, 3. NVI. Énfasis agregado).

A. El estilo: **_pastoral_**.

   a. El pastor suple las necesidades.
   b. El pastor cuida de peligros.

B. La motivación: **_servir_**.

   a. Servir es la forma más elevada de liderazgo.
   b. Servir es imitar a Dios en su carácter.

C. El método: el **_ejemplo_**.

   a. El ejemplo se expresa con un silencio que no se logra nunca con palabras.
   b. Quien no puede convencer con el ejemplo, acaba tiranizando.

Plegaria

Amante Padre, no es lo que nosotros hagamos lo que le aporta belleza a las Escrituras. Es solo al contemplarte en tu Palabra que nuestros corazones se despiertan, se agitan, se prenden y se deleitan. Abre nuestros ojos frente a tu Palabra para hallarte en ella, y frente a tu hermosura, descubrir nuestra puerta de regreso al Paraíso.
Amén

BOSQUEJOGRAMA

(Repaso de la Sesión #2: Bosquejo, no parloteo)

HORIZONTALES:

1. ¿De qué requiere el sermón para sostenerse?
2. ¿Al servicio de qué debe estar la oratoria?
6. Predicar es comunicar ideas, ¿hacia dónde?
7. ¿A qué se parece la Biblia? (dos palabras)
12. ¿A qué se compara el predicador que no sabe lo que quiere?
13. ¿Cuál es el cuarto paso en la creación del bosquejo? (dos palabras)
15. ¿Qué es lo principal del segundo paso en la creación del bosquejo? (dos palabras)
17. ¿Cuál es la actividad principal del quinto paso en la creación del bosquejo?
19. Según H. M. S. Richards, ¿qué somos, antes de predicadores?
20. Según Robinson, ¿qué construimos los predicadores?
21. ¿Cuál es el alimento del predicador?
23. ¿Cuál es el tema central de toda la Biblia, según Stott?
24. ¿Con quién compara Rick Warren al estudiante de la Biblia?

VERTICALES:

3. ¿Cuál es la estructura del sermón?
4. ¿Cómo se considera predicar?
5. ¿Qué clase de trabajo requiere un sermón?
8. ¿Qué es lo que no puede dejar de hacer quien contempla a Dios amándolo?
9. ¿Qué ordena el bosquejo?
10. ¿Hasta cuántos puntos se recomiendan en un bosquejo?
11. ¿A qué se compara al predicador que salta de un tema a otro?
14. ¿Cuál es el primer paso en la creación del bosquejo? (tres palabras)
16. ¿Qué se hace con el pasaje en el tercer paso al crear el bosquejo?
18. ¿Qué compartimos al predicar? (tres palabras)
22. ¿Qué mueve la meditación bíblica, además del carácter, del espíritu y las emociones?

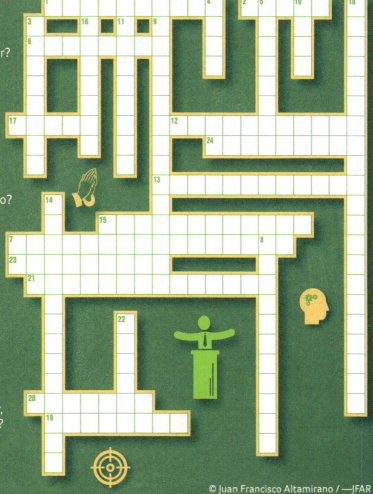

© Juan Francisco Altamirano / —JFAR

LAS 4 BASES

> "Cristo crucificado, Cristo resucitado, Cristo ascendido al cielo, Cristo que ha de volver, debe enternecer, alegrar y llenar de tal manera la mente del predicador, que sea capaz de presentar estas verdades a la gente con amor y profundo fervor. Entonces el predicador se perderá de vista, y Jesús quedará manifiesto"
> (Obreros evangélicos, p. 167).

Sesión 1 — A
AUTOR, NO LECTOR
MIRADA

Sesión 2 — B
BOSQUEJO, NO PARLOTEO
MANDATO

Sesión 3 — C
CRUZ, NO CONDUCTA
META

Sesión 4 — D
DIOS, NO TRAUMAS
MODELO

"Mantengo la convicción que la imagen de Cristo nunca será borrada. Sus enemigos han querido destruirla, pero será pintada nuevamente en los corazones por unos predicadores que valdrán más que yo".
Juan Huss

TERCER DEVOCIONAL

¿CUÁL ES LA REALIZACIÓN DEL PREDICADOR?

*Existe una razón para pasar **desapercibido***

"Aquellos fueron a ver a Juan y le dijeron:
—Rabí, fíjate, el que estaba contigo al otro lado del Jordán, y de quien tú diste testimonio, ahora está bautizando, y todos acuden a él.

—Nadie puede recibir nada a menos que Dios se lo conceda —les respondió Juan—. Ustedes me son testigos de que dije: 'Yo no soy el Cristo, sino que he sido enviado delante de él'. El que tiene a la novia es el novio. Pero el amigo del novio, que está a su lado y lo escucha, se llena de alegría cuando oye la voz del novio. Esa es la alegría que me inunda. A él le toca crecer, y a mí menguar" **(S. Juan 3:26-30. NVI).**

LAS REALIZACIONES DEL PREDICADOR SON:

1. **DENEGARSE** a ocupar el lugar de Cristo.
2. **DESPLAZARSE** para que Cristo sea el centro.
3. **DECRECER** para que Jesucristo crezca.

PLEGARIA

"**Señor**, libérame de los predicadores que atraen los reflectores hacia sí mismos intoxicados de su propia soberbia, que en lo más profundo buscan agrandar su ego a través de la predicación, que desvían la mirada de la gente que anhela hallar salvación en la cruz. Señor, libérame de mí mismo. Yo también soy uno de ellos". **Amén**".

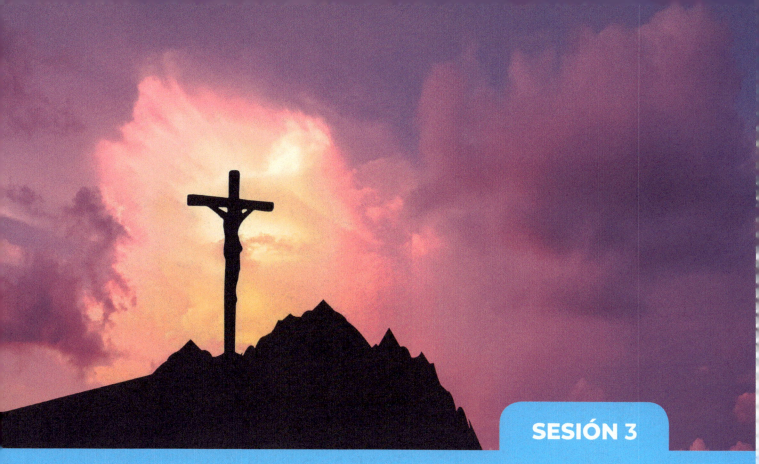

SESIÓN 3

LA C EN LA PREDICACIÓN: CRUZ, NO CONDUCTA

INTRODUCCIÓN

La Biblia está compuesta por el Antiguo Testamento (AT) y por el Nuevo Testamento (NT). Los dos son necesarios puesto que "toda la Escritura es inspirada por Dios" (2 Timoteo 3:16). El predicador debe recordar que en el AT el evangelio se halla como promesa, y en el NT como cumplimiento. En el primero encontramos las sombras del evangelio, y en el segundo, la realidad del evangelio en la persona del Señor Jesucristo.

El apóstol Pablo reconoce en Hebreos 12 que, aunque podemos ser atraídos a Dios a través de los eventos del Monte Sinaí (AT), también aclara que es mucho mejor acercarnos a Dios a través de Jesucristo (NT). Ambos montes, el Sinaí en el AT y el Gólgota en el NT, funcionan como dos polos magnéticos. El corazón del predicador es imantado a uno de ellos, como un montoncito de hierro en polvo es atraído por una fuerza magnética.

> **Apuntes**
>
> *"La ley no puede llevarnos a la tierra prometida. La ley solo puede llevarnos a la frontera de la tierra prometida. Es Jesús el que nos lleva al cielo".*
>
> —David Asscherick

POLOS DE ATRACCIÓN

Imagen Moisés de iStock.com / BibleArtLibrary

"**Porque no os habéis acercado** al monte que se podía palpar, y que ardía en fuego, a la oscuridad, a las tinieblas y a la tempestad, al sonido de la trompeta, y a la voz que hablaba, la cual los que la oyeron rogaron que no se les hablase más, porque no podían soportar lo que se les ordenaba: Si aun una bestia tocare el monte, será apedreada, o pasada con dardo; y tan terrible era lo que se veía, que Moisés dijo: Estoy espantado y temblando; **sino que os habéis acercado** al monte de Sión, a la ciudad del Dios vivo, Jerusalén la celestial, a la compañía de muchos millares de ángeles, **a Jesús el Mediador del nuevo pacto**, y a la sangre rociada que habla mejor que la de Abel" (Hebreos 12:18-21, 24. Énfasis agregado).

EL MENSAJE DE LOS DOS MONTES

Un polo de atracción es el Monte Sinaí, lugar donde fue dada la ley y su énfasis es el amor a Dios y al prójimo a través del comportamiento humano. Y el otro polo de atracción mencionado por el apóstol Pablo es Jesucristo (Monte Gólgota); siendo Jesús, la suprema revelación sin competencia del amor de Dios por nosotros (véase Hebreos 1:1-4).

MONTE SINAÍ	MONTE GÓLGOTA
En el Sinaí Dios grita por obediencia.	En el Gólgota Dios suplica por la humanidad desobediente.
En el Sinaí Dios ordena que no se maten.	En el Gólgota Dios muere por los asesinos y vence a la muerte.
En el Sinaí Dios habla con truenos y relámpagos.	En el Gólgota Dios murmura, sed tiene.
En el Sinaí Dios dicta la ley y causa miedo.	En el Gólgota Dios cumple su ley y ofrenda su obediencia por el hombre culpable.
En el Sinaí Dios ha liberado a su pueblo de la esclavitud egipcia.	En el Gólgota Dios salvó a la humanidad de la esclavitud del pecado.
En el Sinaí Dios promete.	En el Gólgota Dios cumple.

¿IMPORTA CUÁL MONTE?

De acuerdo a Elena G. de White en *El Deseado de todas las gentes* y la página 246, la respuesta es sí, porque "una religión legal nunca puede conducir a las almas a Cristo; porque es una religión sin amor y sin Cristo".

¿Por qué algunos prefieren la cárcel (el legalismo), antes que la libertad (el evangelio)?

 Según Sharon Janes en su obra *Tus cicatrices son hermosas para Dios* y la página 86, "para algunos, estar en la cárcel es más cómodo que estar en libertad. Ellos saben cómo funcionar en la prisión, y el estar afuera viviendo en libertad es un concepto demasiado extraño, difícil o complicado. La vida entre rejas es más fácil".

EL PEREGRINAJE

La vida cristiana supone crecimiento. El crecimiento cristiano implica una comprensión progresiva de la verdad según las Sagradas Escrituras. Conlleva hacer el viaje espiritual desde un monte al otro. Desde el monte de la promesa hacia el monte del cumplimiento. Como

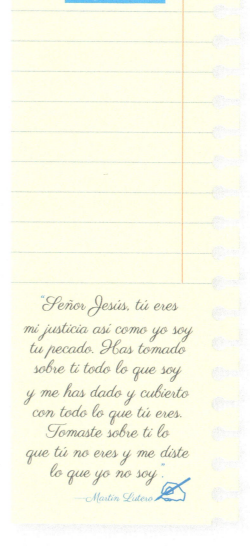

Apuntes

"Señor Jesús, tú eres mi justicia así como yo soy tu pecado. Has tomado sobre ti todo lo que soy y me has dado y cubierto con todo lo que tú eres. Tomaste sobre ti lo que tú no eres y me diste lo que yo no soy".
—Martín Lutero

bien apunta Alden Thompson en su obra *Del Sinaí al Gólgota* en la página 10, "la historia del peregrinaje entre el Sinaí y el Gólgota es, en realidad, la historia de un viaje del mandato a la invitación, del temor al amor. Esta peregrinación no ha ocurrido una vez, sino muchas. Hasta cierto punto es un viaje que todos hemos de hacer. El recorrido entre estos dos montes no es fácil".

TESTIMONIO DE ELENA G. DE WHITE

Como una cristiana amante de la Biblia, Elena G. de White estuvo dispuesta a aprender, a desaprender y a reaprender lo que el Espíritu Santo le iluminara en su estudio de las Sagradas Escrituras. Las siguiente palabras suyas publicadas en *Testimonios para la iglesia,* volumen 1 y la página 36, lo comprueban: "Cambió mi concepto del Padre. **Ahora lo consideraba como un Padre cariñoso y no como un severo tirano** que obligaba a los seres humanos a someterse a una obediencia ciega. Sentí en mi corazón un profundo y ferviente amor. Obedecer a su voluntad era para mí una experiencia gozosa y me resultaba placentero estar a su servicio. Sentí la seguridad que provenía del Salvador que había establecido su morada en mi interior, y comprendí la verdad de lo que Cristo había dicho: 'El que me sigue, no andará en tinieblas, sino que tendrá la luz de la vida'" (Énfasis agregado).

TESTIMONIO DE JAIME WHITE

Jaime White, esposo de Elena G. de White, también entendió y experimentó el crecimiento en su comprensión del amor de Dios en las Sagradas Escrituras. Las páginas de la historia de la incipiente Iglesia Adventista del Séptimo Día dan testimonio de esto.

Al inicio de los años 1870's Merrit G. Kellog se le acercó a Jaime White y le mostró una pintura de un autor desconocido. Esta pintura representaba muy bien el mensaje que los adventistas querían enfatizar en aquella época. Jaime White la observó cuidadosamente, le impresionó y la publicó en la *Revista Adventista (Review and Herald)* bajo el título: "El camino de la vida y la salvación a través de Jesús, desde el paraíso perdido hasta el paraíso restaurado" *("The Way of Life and Salvation Through Jesus Christ, from Paradise Lost to Paradise Restored")*. Para el año 1876, se habían impreso y repartido entre los adventistas más de mil litografías de aquel cuadro.

Lo más sobresaliente de aquella pintura que mostramos a continuación, es que ubica a los diez mandamientos como el centro del mensaje de la Iglesia Adventista del Séptimo Día; y aunque la cruz está presente, no resalta como lo más importante del cuadro. El énfasis en la pintura aparece en los diez mandamientos, pero no en la cruz. Observemos:

> **Apuntes**
>
> *"Con la ayuda de Dios se llega, por fin, a la cima del Calvario, y de allí, al cielo".*
> —Eugénie de Guérin

LA C EN LA PREDICACIÓN: **CRUZ**, NO CONDUCTA

Cuatro años después, para marzo de 1880, Jaime White comenzó a planear una nueva pintura, ahora con un nuevo énfasis. En ese mismo mes él le comentó a su esposa (Elena G. de White) lo siguiente: "Tengo el borrador de una nueva pintura, ahora bajo el título: *'He aquí el Cordero de Dios' ('Behold the Lamb of God')*. Será muy diferente a la anterior en algo en particular: He decidido sacar el árbol de la ley de la pintura y engrandecer al Cristo crucificado en el centro del cuadro. Con relación a lo demás, todo queda más o menos igual, a no ser que deseo mejorar la escena del bautismo de Cristo y de la ciudad celestial".

Tristemente, Jaime White murió en agosto de 1881 y no pudo completar el proyecto. Sin embargo, Elena G. de White con la ayuda de sus hijos, completó el proyecto en 1883 cuando patentizó una nueva pintura, tal como la había reconcebido su esposo, titulada: **"He aquí el Cordero de Dios"**. Ahora el Cristo crucificado estaba en el centro. El movimiento adventista daba los primeros pasos para traer a Cristo al centro del cuadro, al centro de la vida del creyente, al corazón del mensaje adventista. Apreciemos este nuevo cuadro:

CHRIST, THE WAY OF LIFE

EL TEMA MÁS IMPORTANTE DE LA BIBLIA

Imagen de iStock.com / Biljana Cvetanovic

La decisión de Jaime White respaldada por su esposa y sus hijos al destacar en el cuadro la centralidad del mensaje del Cristo crucificado, sugiere que ellos también habían entendido que aunque todo el contenido del cuadro era necesario, había un tema más importante que los demás: a saber, el tema del amor de Dios expresado en el Gólgota. Jesús también enseñó que había un tema más importante que otros.

"¡Ay de vosotros, escribas y fariseos, hipócritas! porque diezmáis la menta y el eneldo y el comino, y dejáis lo más importante de la ley: la justicia, la misericordia y la fe. Esto era necesario hacer sin dejar de hacer aquello" (S. Mateo 23:23).

APLICACIONES:

1. Todos los temas contenidos en la Biblia son **NECESARIOS.**

2. Dentro de los temas necesarios, hay un tema más **IMPORTANTE** que todos.

3. El tema más importante de las Escrituras **ES EL AMOR DE DIOS.**

Apuntes

"Cristo es nuestro fiador al asumir todas nuestras deudas. Él permanece de pie en nuestro lugar".
—Charles Spurgeon

Apuntes

EL TEMA FAVORITO DE CRISTO

En el libro *Joyas de los testimonios* volumen 1 y la página 233, Elena G. de White escribió: "**El tema favorito de Cristo era el carácter paternal y el amor abundante de Dios.** Este conocimiento de Dios fue el don que Cristo entregó a los hombres, y que ha confiado a su pueblo para que aquellos comuniquen al mundo" (Énfasis agregado).

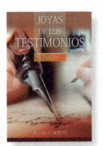

Confirmamos lo mismo en otro de los libros que recoge escritos importantes de Elena G. de White. En *Testimonios para los ministros* y la página 192, leemos: "**El tema más favorito de Cristo fue el carácter paternal y el abundante amor de Dios.** La maldición de todas las iglesias hoy es que los hombres no adoptan los métodos de Cristo. Piensan que pueden mejorar las reglas dadas en el evangelio, y se sienten libres para definirlas, esperando reformar las iglesias y a los obreros. Sea Dios nuestro único Maestro y Señor, lleno de bondad, compasión y amor" (Énfasis agregado).

TODO LO QUE NECESITAMOS

"Saldréis de la tumba sin nada, pero si tenéis a Jesús lo tendréis todo. **ÉL ES TODO** lo que necesitaréis para resistir la prueba del día de Dios, ¿y no es esto suficiente para vosotros?" (Elena G. de White, *El evangelismo*, p. 180. Énfasis agregado).

EL TEMA FAVORITO DE LOS REDIMIDOS

En el libro *El conflicto de los siglos* y la página 632, leemos que "**la cruz de Cristo será la ciencia y el canto de los redimidos durante toda la eternidad**" (Énfasis agregado).

EL TEMA QUE NO ACABARÁ

El apóstol Pablo en su clásico salmo al amor escribió en 1 Corintios 13:8: "El amor nunca deja de ser; pero las profecías se acabarán, y cesarán las lenguas, y la ciencia acabará".

NUESTRO MENSAJE

Imagen de iStock.com / Boonyachoat

Leamos al apóstol Pablo en Colosenses 1:16-23, basados en la versión *The Message* en una traducción libre del inglés al español realizada por quien escribe: "Todo, absolutamente todo, arriba y abajo, visible e invisible, rango tras rango después de los ángeles, todo comenzó en Jesucristo y encuentra su propósito en él. Él estuvo allí antes de que nada de esto surgiera y lo mantiene todo junto hasta este momento... Jesús era el supremo al principio y, encabezando el desfile de la resurrección, es supremo al final. De principio a fin, Jesús está allí, elevándose por encima de todo, y de todos. Tan grande es Jesús, tan grande, que todo lo de Dios encuentra su lugar asignado en él, sin sobrar nada. No solo eso, sino que todas las piezas rotas y dislocadas del universo (personas y cosas, animales y átomos) se arreglan adecuadamente y se unen en vibrantes armonías, todo gracias a su muerte, por su sangre derramada en la cruz... Al entregarse completamente en la cruz, quiero decir, muriendo por ti, Jesús te trajo al lado de Dios... ¡No te alejes de un regalo como este! Permanece firme y fijo en este vínculo de confianza, constantemente sintonizado con **Jesús. Él es el Mensaje. Cuida de no distraerte ni desviarte. No hay otro Mensaje, solo este.** Cada criatura bajo el cielo recibe este mismo mensaje" (Énfasis agregado).

Apuntes

"Dios te ama tal como eres. Si piensas que su amor por ti sería más fuerte si tu fe lo fuera, te equivocas. Si piensas que su amor sería más profundo, si tus pensamientos lo fueran, te equivocas de nuevo. No confundas el amor de Dios con el cariño de la gente".

—Max Lucado

¿Y LA DOCTRINA?

El apóstol Juan en su Evangelio observa lo que todo predicador debe observar en Jesús. Dice del Maestro que estaba "lleno de gracia y de verdad" (S. Juan 1:14).

Sobre la creencia equivocada que sostiene que predicar mensajes cristocéntricos significa no enseñar doctrinas, el evangelista adventista Alejandro Bullón en su obra *La locura de la predicación* y la página 36, aclara: "Existe el mito de que el que predica a Cristo 'solo predica la salvación pero se olvida de predicar la doctrina, o la profecía'.  Pero tú puedes mencionar a Jesús cincuenta veces en el sermón y sin embargo, no haber predicado un mensaje cristocéntrico. Pablo dijo a los corintios que se había propuesto predicar únicamente a Cristo y a este crucificado. Pero esto no significó que él no hubiera predicado sobre otros temas. A los mismos corintios les predicó sobre la moralidad cristiana".

JESÚS AL CENTRO

La ley, correctamente entendida, conduce al amor porque "en el amor se cumple perfectamente la ley" (Romanos 13:10. DHH). No existe contradicción entre su ley y su amor. Algunos confrontan erróneamente el amor de Dios con su propia ley. Fallamos si presentamos el tema de la ley sin exaltar los encantos de Jesucristo, el Dador de la ley. Es su amor el que nos atrae y le obedecemos (S. Juan 14:15). No hay posibilidad de sacrificar la obediencia. Los siguientes párrafos de Elena G. de White nos ponen en la correcta perspectiva en relación a Jesús y todas las doctrinas de las Sagradas Escrituras.

"Ahora como nunca antes no es seguro que avancemos siguiendo puntos de vista individuales. La verdad para este tiempo es amplia y abarcante, y comprende

---

Apuntes

¿A QUIÉN MAGNIFICAREMOS?

"Hay cristianos que piensan y hablan demasiado del poder de Satanás. Piensan en su adversario, oran acerca de él y parece agrandarse más y más en su imaginación. Es verdad que Satanás es un ser fuerte; pero, gracias a Dios, tenemos un Salvador poderoso que arrojó del cielo al maligno. Satanás se goza cuando engrandecemos su poder. ¿Por qué no hablamos de Jesús? ¿Por qué no magnificamos su poder y su amor?" (*El Deseado de todas las gentes*, p. 455).

muchas doctrinas; pero estas doctrinas no constituyen renglones separados y de poco significado, sino que están unidas por hilos de oro que conforman una totalidad que tienen a **Cristo como su centro viviente**" (*Mensajes selectos*, tomo 2, p. 99. Énfasis agregado).

"El tema que atrae el corazón del pecador es Cristo y Cristo crucificado. Presentadlo a las multitudes hambrientas, y la luz de su amor ganará a los hombres y los llevará de las tinieblas a la luz, de la transgresión a la obediencia y la verdadera santidad" (*Maranata*, p. 102).

"**Cristo, su carácter y su obra, es el centro y la circunferencia de toda verdad**. Él es la cadena a la cual están unidas las joyas de la doctrina. En él se encuentra todo el sistema de la verdad" (*Nuestra elevada vocación*, p. 19. Énfasis agregado).

"Los adventistas del séptimo día debieran destacarse entre todos los que profesan ser cristianos, en cuanto a levantar a Cristo ante el mundo. La proclamación del mensaje del tercer ángel exige la presentación de la verdad del sábado. Esta verdad, junto con las otras incluidas en el mensaje, ha de ser proclamada; **pero el gran centro de atracción, Cristo Jesús, no debe ser dejado a un lado**. Es en la cruz de Cristo donde la justicia y la paz se besan. El pecador debe ser inducido a mirar al Calvario; con la sencilla fe de un niñito, debe confiar en los méritos del Salvador, aceptar su justicia, creer en su misericordia" (*Exaltad a Jesús*, p. 155. Énfasis agregado).

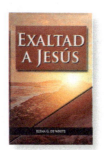

"**Hay una gran verdad central** que siempre debe mantenerse en la mente cuando se escudriñan las Escrituras: Cristo crucificado. Toda otra verdad está inves-

> *"¡Hay un Dios verdadero, y este Dios es muy bueno! Esta es la alegría que anuncia el cristianismo".*
> —Francisco Fernández-Carvajal

tida con la influencia y el poder correspondientes a su relación con el tema. Únicamente a la luz de la cruz podemos discernir el exaltado carácter de la ley de Dios. El alma paralizada por el pecado puede recibir nueva vida únicamente mediante la obra realizada en la cruz por el Autor de nuestra salvación. El amor de Cristo constriñe al hombre a unirse con él en sus labores y sacrificios. La revelación del amor divino aviva en ellos la realidad de su obligación descuidada de ser portadores de luz para el mundo, y los inspira con un espíritu misionero. Esta verdad ilumina la mente y santifica el alma. Hará desaparecer la incredulidad e inspirará fe. **Es la gran verdad que debe mantenerse constantemente ante la consideración de los hombres**. Cuando Cristo en su obra de redención es visto como **la gran verdad central del sistema de verdad**, se arroja una nueva luz sobre los acontecimientos del pasado y el futuro. Se los ve en una nueva perspectiva y adquieren nuevo y profundo significado" (*A fin de conocerle*, p. 208. Énfasis agregado).

JESÚS: CENTRO VIVIENTE DE LA DOCTRINA

El siguiente recuadro para nada exhaustivo, presenta algunos ejemplos del enfoque cristocéntrico de la doctrina.

JESÚS COMO CENTRO DE LA DOCTRINA		
LA DOCTRINA	**TEXTO CLAVE**	**ENFOQUE CRISTOCÉNTRICO**
La Biblia	Jeremías 15:16 Salmo 119:103 S. Juan 5:39	La Biblia narra la historia del amor incondicional de Dios por la humanidad. El estudio de la Biblia es el encuentro de dos que se aman.
La ley	Ezequiel 11:19-20 Hebreos 10:16 2 Corintios 3:3 S. Juan 14:14	Cristo, autor y legislador de los diez mandamientos ofrece grabar su ley, ya no en las tablas de piedra, ahora en las tablas de nuestro corazón; de manera que la obediencia a sus mandamientos sea solo por amor; no para salvarnos, sino gracias a que Cristo nos ha salvado.
El sábado	S. Mateo 11:28-30 S. Marcos 2:27-28 Hebreos 4:9-11	Jesús es nuestro reposo. No es el sábado, es el Señor del sábado. El sábado es el día para revitalizar nuestra vida con nuestro Redentor.
El juicio	Daniel 7:22 S. Juan 5:22 1 Juan 2:1 Hebreos 7:25	El juicio ya fue ganado a nuestro favor. Cristo intercede y presenta su vida perfecta en lugar de la imperfecta nuestra. Y Jesucristo, quien es también nuestro Juez, nos declara inocentes ante todo el universo.

EJERCICIO

La ley de Dios es nuestro apoyo para llevarnos a Cristo (Gál. 3:24), pero no lo sustituye.

Para afianzar esta enseñanza haremos el ejercicio de la página 72 de esta SESIÓN, titulado:

Dos predicadores, dos montes.

TALLER DE SERMONES

Judy Brown en su libro *Estructuración de sermones* y la página 3, refiriéndose a la importancia del trabajo del predicador a la hora de convertir un mensaje en un sermón, ofrece una comparación didáctica excelente; ella dice: "Un mensaje es como una piedra preciosa; tal vez como un diamante oculto en la tierra. Como es un mensaje divino, ha sido creado y dado por Dios y es de un valor enorme.

La transformación del mensaje en un sermón es como la limpieza, el corte y el pulimento que se hace a una piedra en bruto. Sin esta preparación, muchos no podrían apreciar el valor, y quizás ni la identidad del diamante. Así pues, el mensaje que no es sermón no es apreciado por el predicador, pero no será igualmente apreciado por los oyentes. Sería como ese diamante en bruto tirado en el camino, que el transeúnte vería como un trozo de vidrio".

Los ejemplos de las dos páginas siguientes son una muestra del pulimento que el predicador lleva a cabo en la preparación de su sermón.

"Lo que te salva no es la fuerza de tu fe, sino Cristo, el objeto de tu fe".

—Tim Keller

EJEMPLO #5

Pablo: el líder y su familia

Texto: "Porque si alguno no **provee** para los suyos, y mayormente para los de su **casa**, ha negado la **fe**, y es peor que un incrédulo" (1 Timoteo 5:8. Énfasis agregado).

A. El rol: **proveer.**

    a. El líder provee porque se abastece.

    b. El líder que se abastece siempre tiene.

B. El lugar: su **casa**.

    a. Su primera iglesia es su casa.

    b. La transmisión de la fe a la familia, es a través de las actitudes.

C. La razón: la **fe**.

    a. La fe que se vive en familia se defiende sola.

    b. Lo que no se practica en familia, se niega.

EJEMPLO #6

José: el líder y sus adversarios

Texto: "Es verdad que ustedes pensaron hacerme **mal**, pero Dios transformó ese mal en **bien** para lograr lo que hoy estamos viendo: **salvar** la vida de mucha gente" (Génesis 50:20. NVI. Énfasis agregado).

A. Lo que ellos piensan: el **mal**.

   a. Es inevitable que otros piensen mal de nosotros.
   b. El mal que otros piensen, no es destino para nadie.

B. Lo que Dios logra: transformarlo en **bien**.

   a. Ningún líder pierde mientras le sirve a Dios.
   b. Dios tiene la última palabra sobre nuestros adversarios.

C. Lo que resulta a pesar del mal: **salva**.

   a. La mayor preocupación no son los líderes: son a quienes ellos sirven.
   b. Mientras el líder se enfoca en los demás, Dios se enfoca en el líder

Apuntes

"Es solo en la cruz que podemos empezar a armonizar esta aparente contradicción entre el sufrimiento y el amor".
—Elisabeth Elliot

Plegaria

Glenn A. Coon, *La senda al corazón*, p. 62.

Señor, hazme como clavo en la pared, bien asegurado en su lugar.
Y de esa cosa pequeña y tan común, cuelga un luciente cuadro de Jesús.
Que los peregrinos puedan detenerse a ver el encanto revelado allí.

Y al pasar en su fatigado andar, que todo radiante rostro pueda llevar estampada para que nada la pueda borrar, la gloriosa imagen de tu amor.

Señor, que ninguna alma piense en mí.
Señor, permíteme ser, como clavo en la pared.
Que sostenga tu cuadro en su lugar.
Amén

DOS PREDICADORES, DOS MONTES
(Autoexamen para la autorreflexión del predicador)

EL MONTE DEL SINAÍ — Marque "X" sobre una sola carita, en todas las opciones. — **EL MONTE DEL CALVARIO**

Ejercicio No. 3

1. ¿Hacia dónde estoy conduciendo a las personas con mis sermones?

| A su propia conducta errada ☹ | **META** | Al carácter admirable de Cristo 🙂 |

2. ¿Muestro el pecado como un problema externo o como un problema del corazón?

| Un asunto de comportamiento ☹ | **PECADO** | Un asunto de raíz, de motivos 🙂 |

3. ¿Motivo a las personas a prometer cambiar o a rendirse al Señor porque es imposible por ellas mismas?

| A cambiar de afuera hacia dentro ☹ | **CAMBIO** | A cambiar de adentro hacia fuera 🙂 |

4. ¿Dejo la impresión que es más importante guardar la ley de Dios que los motivos al guardarla?

| Los mandamientos minimizados ☹ | **LEY DE DIOS** | Los mandamientos magnificados 🙂 |

5. ¿Subrayo tanto lo mal que anda el mundo que dejo de hablar del Dios de nuevas oportunidades?

| La culpa ☹ | **ÉNFASIS** | El perdón 🙂 |

6. ¿Las personas que me escuchan, salen derrotadas o esperanzadas?

| Condenación ☹ | **SABOR** | Salvación 🙂 |

7. ¿Predico de peligros y de persecución, o la certeza de que el futuro está confiado en las manos de Dios?

| Aterradora ☹ | **ESCATOLOGÍA** | Esperanzadora 🙂 |

8. ¿Hago sentir inseguridad al predicar o hago sentir tranquilidad al compartir el evangelio?

| Miedo ☹ | **EMOCIÓN** | Gratitud 🙂 |

9. ¿La gente se siente obligada a venir a Dios o la gente se siente atraída por el amor de Dios?

| Autoritario ☹ | **ESTILO** | Atracción 🙂 |

10. ¿Induzco a la gente a sentirle miedo a Dios o a sentirle confianza?

| Dios es un juez severo ☹ | **FOTOGRAFÍA** | Dios es un Padre amoroso 🙂 |

Total caritas infelices: ☐ | **MI EVALUACIÓN FINAL** Sumatoria de caritas que obtuve | **Total caritas felices:** ☐

© Juan Francisco Altamirano / —JFAR

Bases para una *predicación sana*

LAS 4 BASES

> "El amor es el instrumento que Dios utiliza para expulsar el pecado del alma humana. Mediante él cambia el orgullo en humildad, la enemistad e incredulidad en amor y fe (*Recibiréis poder*, p. 334)."

Sesión 1
AUTOR, NO LECTOR
MIRADA

Sesión 2
BOSQUEJO, NO PARLOTEO
MANDATO

Sesión 3
CRUZ, NO CONDUCTA
META

Sesión 4
MODELO

DIOS, NO TRAUMAS

"No hay una palabra en la Biblia que pueda ser entendida sin referirse a la cruz".
Martin Lutero

¿CUÁL ES EL EPICENTRO DE LA PREDICACIÓN?

*¡Sonríe!, Dios te mira y te ve **perfecto***

"Para que **justificados por su gracia,** viniésemos a ser herederos conforme a la esperanza de la vida eterna. Palabra fiel es esta, **y en estas cosas quiero que insistas con firmeza,** para que los que creen en Dios procuren ocuparse en buenas obras. Estas cosas son buenas, y útiles a los hombres. Pero evita las cuestiones necias, y genealogías, y contenciones, y discusiones acerca de la ley; porque son vanas y sin provecho"
(Tito 3:7-9. Énfasis agregado).

TRES APLICACIONES

1. **EL EPICENTRO:** la justificación por la fe.
2. **EL FRUTO DEL EPICENTRO:** las buenas obras.
3. **LA EVITACIÓN DEL EPICENTRO:** las contiendas acerca de la ley.

PLEGARIA

"**Señor,** hoy intenté añadir a mi salvación un codo. Fue inútil. Lo intenté arduamente y me frustré. Santo y perfecto, solo tú. Me siento exhausto y agotado hasta caer rendido a tus pies. ¡Ya no puedo más! Yo me rindo a ti. Mi arrogancia y egoísmo, todo rindo a ti. Aquí estoy, sin otra esperanza más que tu compasión. Señor, tal como soy me rindo a ti. **Amén**".

SESIÓN 4

LA D EN LA PREDICACIÓN: DIOS, NO TRAUMAS

INTRODUCCIÓN

Los predicadores somos vasijas, vasijas agrietadas donde Dios ha depositado el tesoro de la fe (véase 2 Corintios 4:7). En palabras de Ernest Hemingway, "todos estamos rotos, así es como entra la luz". Aunque hay contadas excepciones, la mayoría de predicadores ha nacido en hogares víctimas de alguna forma de abuso. Por lo tanto, si acarreamos heridas aún no sanadas, podríamos estar enseñando una imagen distorsionada de Dios a quienes nos escuchan predicar, según el concepto equivocado que nos hicimos de Dios, debido a la herida paterna (trauma) que traemos desde niños.

Apuntes

"Solamente hombres con cicatrices pueden predicar de un Salvador con cicatrices a pecadores con cicatrices".

—Ray Ortlund

> **Para reflexionar**
>
> TODOS TENEMOS UN **RETRATO** DE **DIOS** EN **NUESTRO CORAZÓN**.
>
> **¿CÓMO ES ÉL?**
>
> ¿Te atrae el **DIOS** que ves allí?
>
> **¿EXCEDE SU AMOR** a toda atracción terrenal?

ORIGEN DE NUESTRO CONCEPTO DE DIOS

"Sión decía: 'El Señor me abandonó, mi Dios se olvidó de mí'. Pero ¿acaso una madre olvida o deja de amar a su propio hijo? Pues, aunque ella lo olvide, yo no te olvidaré. Yo te llevo grabada en mis manos, siempre tengo presentes tus murallas" (Isaías 49:14-18. DHH).

APLICACIONES

1. Recibimos de nuestros padres el primer concepto de Dios.

2. Aplicamos a Dios el mismo concepto que formamos de nuestros padres.

3. El amor de Dios es más seguro que el amor de nuestros padres.

EL PRIMER RETRATO DE DIOS

De acuerdo a Elena G. de White en *La educación* y la página 219, "los padres, las madres y los maestros necesitan apreciar más plenamente la responsabilidad y el honor que Dios les ha conferido al hacerlos, con respecto al niño, sus propios representantes. El carácter que manifiesten en su conducta de todos los días, le servirá al niño para interpretar, para bien o para mal, estas palabras de Dios: 'Como el padre se compadece de los hijos, se compadece Jehová de los que le temen'. 'Como aquel a quien consuela su madre, así os consolaré yo a vosotros' ".

EN BUSCA DE UN PADRE

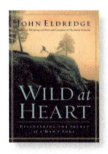

"La búsqueda que de alguna u otra manera ha sido la búsqueda de la vida, es la de encontrar un padre, no meramente al padre de su sangre, no hablo del padre perdido en su juventud; me refiero a la imagen de una fortaleza divina" (John Eldredge, *Wild at Heart*, pp. 120-121).

EL TRAUMA

Nuestros padres también fueron hijos de padres heridos. A causa de este trauma sufrieron una distorsión del concepto de Dios. Por consiguiente, si nosotros no hemos sanado nuestra herida y no hemos aceptado a nuestro amante Padre celestial, también heredaremos esta misma herida (trauma) a nuestros hijos.

Según Robert L. Thomas en el *New American Standard Hebrew-Aramaic and Greek Dictionaries,* la palabra "trauma" (Gr. τραῦμα) proviene del mismo término

"Tu herida posiblemente no es tuya, pero tu sanación es tu responsabilidad".
—Denice Frohman

No más coraza

"El mayor riesgo al no darle voz a lo que sientes porque te haces el fuerte, es que tarde o temprano lo que te duele y ahora callas, te causará desastres como un río caudaloso fuera de su cárcava, y eso conlleva el desgaste de remar muchísimo a contracorriente; o peor aún, acabar damnificado, víctima no de tu pasado, pero de tus propias decisiones en el presente. Nadie puede terminar de curarse, si se pasa la vida fingiendo que no le duele nada. ¡Atrévete! Las personas con mayor fortaleza interior, primero decidieron por amor a sí mismas, andarse bien con sus propias lágrimas. Todos necesitamos recuperarnos de algo que no le decimos a nadie. La herida no sana hasta que la entiendes. Intentar silenciar la herida no significa que no duela. Cuando nos negamos a entender nuestra herida, nos negamos a ser nosotros mismos; estamos negándole al corazón el derecho a sentir, a amar, por lo tanto, a vivir. Eso sí, la herida, una vez entendida, sangrada y procesada, para que ella sane, hay que dejar de tocarla. Vuelve a ver el costado herido de Cristo por ti. El ser humano no se convierte por una idea, y no sana por el favor del tiempo; se convierte y sana por una herida: la de Cristo ofreciéndose por la misma humanidad que lo hería. La clave para conciliar y reconstruir tu pasado, presente y futuro, siempre ha sido, es y será el amor, el amor de Dios por ti" —Jfar.

griego que se usa para "herida". "Trauma", en su lengua original tiene el sentido de mutilar, lesionar o herir gravemente; a menudo dando como resultado una cicatriz, una marca permanente.

Al referirnos a las heridas emocionales que traemos desde la infancia, hablamos de una "herida invisible" causante de un daño psicológico de carácter permanente en la persona. Con todo y su gravedad, desafortunadamente, como lo reconoce Felipe Lecalennier en la página 4 de su obra *El trauma oculto en la infancia*, "el trauma en la infancia ha sido histórica y sistemáticamente negado, olvidado, ocultado, silenciado, normalizado, rechazado, excluido, criticado y enterrado". Sin embargo, por su efecto de carácter permanente, como bien lo señala Czeslaw Milosz, "es posible que no hay otra memoria que la memoria de las heridas".

"Seríamos más pacientes y amables con la gente, y estaríamos menos heridos si recordáramos regularmente que todos tenemos fallas centrales profundas", apunta Timothy Keller.

Todos traemos en nuestra historia un dolor amordazado, silenciado, una herida abierta invisible, la que hemos ocultado por tantos años; y ahí, desde lo más recóndito de nuestro pasado ha estado gritándonos con resistencia que la escuchemos; ella no busca destruirnos, solo espera ser sentida, escuchada. Si le damos voz, si la dejamos que salga a la luz mientras la abrazamos, el dolor disminuirá poco a poco, hasta debilitarse, y una vez mudo, callado, él solo se apaga, y al fin nos deja en paz, sanos, tranquilos.

Es sabio darle voz a nuestras heridas, puesto que, como aconsejó William Shakespeare, "dad palabra al dolor; el dolor que no se habla gime en el corazón hasta que lo rompe".

Solo existe una manera sabia para el manejo sano de las emociones rotas, y es sintiéndolas, no evitándolas. No te reprimas, porque si tus ojos no lloran, llorará otro órgano de tu cuerpo. El dolor no es conflicto, pero si lo rechazamos se nos convierte en conflicto. En las palabras de Frida Kahlo, "amurallar el propio sufrimiento es arriesgarte a que te devore desde el interior". Por otro lado, si no te ocupas en sanar tus heridas, resultarás hiriendo a las personas que nunca te hirieron. En otras palabras, para sobrevivir uno y quienes nos rodean, llorar es otra forma de no ahogarse. Y cuando podamos contar nuestra historia sin derramar lágrimas, sabremos que ya nos hemos curado por dentro.

De no resolver nuestras heridas del pasado, éstas nos causarán un zumbido en el presente, y tarde o temprano harán un estallido en el futuro. Intentar huir no es la solución. Al tratar de escapar del pasado acabamos corriendo directo hacia él. Nos quedan entonces solo dos caminos: hacer las paces con el pasado o no hacerlas; pero, si no las hacemos, sepamos que tendremos un futuro que estará íntimamente relacionado con ese pasado. Avanzaremos más liviano por la vida hasta que le demos voz a eso que guardamos reprimido en la mente; entonces sabremos lo que es sentirnos más ligeros.

Pregúntate a modo de reflexión: Si te encontraras con la niña o niño que fuiste, ¿qué le dirías?

LOS TRAUMAS SEGÚN LA BIBLIA

"Aunque mi padre y mi madre me abandonen, tú, Señor, te harás cargo de mí" (Salmo 27:10. DHH).

APLICACIONES:

1. Aceptemos que los traumas existen.

_____

_____

2. Los traumas duelen más, si los causan los más amados.

_____

_____

3. Dios nos ayuda a restaurarnos.

_____

_____

"Si no vienes de una familia feliz, haz que una familia feliz venga de ti."
—Tere Díaz

CAUSAS DE LOS TRAUMAS

Según el sitio loveisrespect.org consultado el 22 de marzo de 2021, las formas de abuso, que podrían provocar traumas, son varias; por ejemplo:

1. **Abuso físico:** Contacto intencional y no deseado contigo o con algo cercano a tu cuerpo.

2. **Abuso emocional/verbal:** Comportamientos no físicos como amenazas, insultos, monitoreo constante o "control" y mensajes de texto excesivos.

3. **Abuso sexual:** Cualquier acción que presione u obligue a alguien a hacer algo sexualmente que no quiere hacer.

4. **Abuso financiero:** Una forma silenciosa de abuso que puede incluir lo que puede y no puede comprar o exigirle que comparta el control de sus cuentas bancarias.

5. **Abuso digital:** El uso de tecnologías como los mensajes de texto y las redes sociales para intimidar, acosar, acechar o intimidar a una pareja.

6. **Asechar:** Cuando una persona te observa, te sigue o te acosa repetidamente, lo que te hace sentir asustado o inseguro.

Una séptima forma, aunque no citada por la página que hemos mencionado, es la siguiente:

7. Negligencia: Entre las señales de negligencia cometidas o permitidas, perpetradas la mayoría contra niños, y muchas contra adultos mayores, hallamos:

a. La ausencia frecuente de la escuela.

b. Pedir o robar comida o dinero.

c. Carecer de los cuidados médicos, odontológicos, vacunas o anteojos necesarios.

d. Estar constantemente sucio y tiene un olor corporal fuerte.

e. Carecer de ropa suficiente adecuada al clima.

f. Abusar de alcohol u otras drogas.

g. Permanecer en casa sin que haya alguien para cuidarlo.

INFLUENCIA DE ESTILOS PARENTALES

Un alumno preguntó a su maestro cómo era Dios. El docente, un poco sorprendido frente a la pregunta del estudiante, le contestó a como pudo: "Dios es como tu padre". Sin mediar una palabra más, el chico reaccionó con una respuesta que dejó frío al educador: "Si Dios es como mi padre, entonces yo aborrezco a Dios".

Era un hecho, la asociación mental que el chico hacía entre su padre y Dios, le era chocante.

Según el estilo parental, así es la concepción que hacen de Dios los hijos; y además, de ello depende en gran medida, la imagen del carácter de Dios que proyectan los predicadores a través de sus sermones a la congregación. Analicemos cuidadosamente el recuadro de la página 82.

> *"No puedes volver atrás y cambiar el principio, pero puedes comenzar donde estás y cambiar el final".*
> —C. S. Lewis

INFLUENCIA DE ESTILOS PARENTALES EN NUESTRA PERCEPCIÓN DE DIOS Y EN NUESTRA PREDICACIÓN

Según www.parentingforbrain.com/4-baumrind-parenting-styles/ consultado el 11 de abril de 2021, la teoría de los estilos parentales fue propuesta primero en 1960's por la psicóloga Diana Baumrind de la Universidad de California, y más tarde modificada en los 1980's por Maccobi y Martin. Baumrind concluyó al observar a niños preescolares que el comportamiento de los pequeños estaba altamente relacionado con los estilos parentales aplicados por sus padres. Quien escribe acepta que aunque un padre puede aplicar distintas prácticas parentales, generalmente habrá un estilo parental predominante. También reconoce que, siendo que los padres son los primeros representantes de Dios en el desarrollo espiritual del niño, de acuerdo al estilo parental predominante que emplearon, así será el concepto de Dios que el niño aprendió, y por lo tanto, esto determinará más tarde la preferencia de temas al predicar y al escuchar predicar. La siguiente adaptación del diagrama de Baumrind, no pretende ser la última palabra, pero representa un intento por ilustrarlo.

LA NUTRICIÓN EMOCIONAL Y LA FE

Los padres tienen el privilegio de proveerle a sus hijos no solo alimento físico, sino también la nutrición emocional para ayudarlos a crecer psicológicamente sanos. Más que agua, alimento y oxígeno para vivir, el ser humano necesita los ingredientes de una dieta emocional positiva; estos son al menos cinco: ACEPTACIÓN, APROBACIÓN, AFIRMACIÓN, ATENCIÓN y AFECTO.

Ahora, si el niño no recibe estos ingredientes vitales para su salud emocional y recibe lo opuesto, entonces esto tendrá su impacto nefasto en la manera como el niño percibirá a Dios en su vida adulta, si no recibe antes la ayuda profesional pertinente para sanar su herida invisible heredada por sus figuras parentales. Analicemos detenidamente la siguiente ilustración:

IMPACTO ESPIRITUAL DE UN MODELO PARENTAL TÓXICO

Si el padre golpea al niño, el chico estaría propenso a pensar que Dios es violento.

Si el padre humilla al niño, será proclive a creer que Dios es intimidante.

Si el padre le exige demasiado al niño, se hará la idea que Dios no perdona errores.

Si el padre es distante, el niño llegará a la conclusión que Dios es indiferente.

Si el padre se burla cuando el niño llora, concluirá que Dios es insensible.

Si el padre crítica constantemente al niño, se hará la idea que Dios es duro y severo.

"El amor modifica nuestro cerebro. Activa los circuitos de recompensa y desactiva aquellos responsables de las emociones negativas y la evaluación social. Se manifiesta en el cuerpo y la mente. En pocas palabras: nos hace sentir más felices".

—*Facundo Manes*

No solo esto, el daño va más allá según el doctor Timothy R. Jennings en la página 67 de su obra *The God-Shaped Brain*, donde reporta que "las imágenes cerebrales han documentado el fenómeno de que, cuando adoramos a un dios vengativo que abusa de la libertad, cuando anticipamos el regreso de un dios castigador, **nuestro circuito de miedo se fortalece y nuestra corteza prefrontal sufre daños, allí, en la región del cerebro donde experimentamos el amor, la empatía y el egoísmo.** Pablo dijo —añade el doctor Jennings—, que en los últimos días algunos tendrán apariencia de piedad pero negarán su poder (2 Ti. 3:5). Pablo no está hablando de agnósticos y ateos. Está hablando de personas que afirman creer en Dios, pero niegan la verdad sobre él, sobre su carácter de amor" (Énfasis agregado).

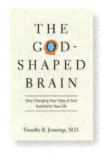

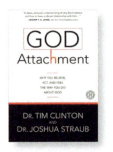

La ciencia confirma cómo se ve afectada la salud integral del individuo de acuerdo al tipo de vínculo que se construyó o no, entre el padre y el hijo desde los primero años de su vida. Según reportan Tim Clinton y Joshua Straub en su libro *God Attachment* y la página 53, un grupo de investigadores de la Escuela de Medicina de John Hopkins a lo largo de 30 años llevó acabo una investigación con un universo de 1,377 pacientes para determinar la causa principal de cinco calamidades mayores que afectaban la salud de los sujetos del estudio; las enfermedades eran: 1. Enfermedades mentales. 2. Presión arterial alta. 3. Tumores malignos. 4. Enfermedades coronarias. 5. Suicidio.

Para sorpresa de los investigadores la causa única de estas calamidades no estaba relacionada con la dieta ni con el ejercicio. Encontraron que el factor predictor era la falta de cercanía con los padres, especialmente con el papá.

HERIDA PADRE-HIJO, SEGÚN LA BIBLIA

"Él hará volver el corazón de los padres hacia los hijos, y el corazón de los hijos hacia los padres, no sea que yo venga y castigue la tierra con maldición" (Malaquías 4:6).

APLICACIONES

1. Dios quiere sanar la relación padre-hijo.

_____

_____

2. La relación herida, padre-hijo, trae sus consecuencias.

_____

_____

Apuntes

"Predica como si hubiera un corazón roto en cada banco.
—Charles Spurgeon

IMPACTO DEL CONCEPTO DE DIOS EN LA DOCTRINA

Tenía razón el poeta José Martí al afirmar que "las cualidades de los padres quedan en el espíritu de los hijos, como quedan los dedos en las alas de la fugitiva mariposa". Y en nada esta verdad es más cierta que en el campo espiritual, en el modo que la persona concibe a Dios en su vida adulta.

John Bishop, autor de *God Distorted* y la página 43, advierte: "Sin duda, el abuso puede causar heridas masivas en la vida de un niño, y distorsionar la imagen correcta de Dios. Si fuiste maltratado, probablemente veas a Dios como alguien duro y cruel que te hará daño sin razón".

Observemos detenidamente el recuadro de la página siguiente.

IMPACTO DEL CONCEPTO DE DIOS EN LA DOCTRINA

PATERNIDAD	CONCEPTO DE DIOS	IMPACTO EN LA DOCTRINA
Estricta, rigurosa, dura, intolerante e inflexible.	Dios es severo.	Dios es un juez que está pendiente de cada error que cometemos para condenarnos y privarnos de la salvación.
Indiferente, distante y ausente.	Dios está allá, ajeno a todo, en lo alto, en el infinito, inaccesible, sin involucrarse con la vida humana, frío e indiferente.	Dios no se involucra en los problemas y en las crisis humanas, Dios es un ser distante, frío e indiferente a nuestros dolores. Tenemos que sufrir solos como consecuencia de nuestras desobediencias a Dios.
Prevalece el abuso físico, mental y emocional.	Dios es ante todo un ser castigador.	Dios vendrá a castigar con toda su dureza porque ha estado enojado siempre con la humanidad rebelde e insumisa a sus preceptos.
Marcada por la indiferencia a las necesidades del niño: no lo vistió, sin cuidados médicos; descuidos en su alimentación.	Dios no está preocupado por nuestras necesidades personales. Dios nos deja sufrir porque no somos importantes para el.	Dios es como un cobrador. Solo aparece para decirnos que le debemos algo. Busca quitarnos de lo poco que tenemos. Dios es mezquino. Dios solo quiere acumular para él y para nadie más. Es el egoista insaciable por excelencia en todo el universo. Darle de lo nuestro se convierte en una obligación para mantenerlo satisfecho con nosotros.

Según leemos en la revista *Journal of Psychology and Christianity* publicada en el 2005, conforme al volumen 24, edición número 1 y las páginas 21- 28, los investigadores "Justice y Lambert encontraron en su estudio una correlación entre las imágenes que usaban los participantes para describir a sus padres y Dios. **Aquellos que tenían el concepto más negativo de sus padres, también poseían un concepto negativo de Dios**". (Énfasis agregado).

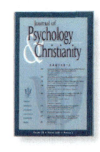

EL PROCESO

Hay buenas noticias. El mensaje del evangelio es buenas nuevas. El autor del libro *Heridas que sanan* en la página 8 nos recuerda que "el traer nuestras heridas a la cruz, entonces, no es un método rápido de sanidad. Las heridas profundas exigen una sanidad también profunda. Y la sanidad profunda involucra un proceso lento y penoso. Como cuando pelamos una cebolla, generalmente lo hacemos una capa lagrimosa a la vez. El proceso puede verse acentuado por importantes logros; no obstante, es largo y dificultoso. Algunas veces, después de dar tres pasos hacia delante, damos dos pasos hacia atrás. Exige mucha valentía y determinación –a veces más de lo que uno puede generar. **Sin el estímulo y la fortaleza que nos imparte Jesús, no podríamos**". (Énfasis agregado).

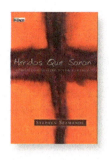

EJERCICIO:

Hay esperanza en el Señor Jesucristo. La sanidad de nuestras heridas emocionales puede ser una tarea desafiante, pero es posible lograrla. Para apoyarse en este proceso de sanidad de los traumas, existen ciertos procedimientos que al practicarse facilitan la curación de nuestra propia historia.

De ahí que, para empezar el proceso de la sanidad emocional haremos el ejercicio de la página 92 de esta SESIÓN, titulado:

Rituales para cerrar la herida interior.

SOLO JESÚS

En palabras del poeta Edward Shillito (1872-1948): "Todos los demás dioses siempre han sido fuertes; pero tú, te hiciste débil. Ellos llegaron cabalgando con estruendo, pero tú, te tambaleaste hasta el trono. Pero, a nuestras heridas solo las heridas de Dios pueden hablar... y ningún dios tiene heridas sino, solo tú".

Apuntes

"Nuestra verdadera historia no está centrada en nosotros, sino en quien nos rescató".
—Andy Crouch

Nuestra herida

"Traemos una herida que nos llora desde los subsuelos de nuestra historia. Buscarla es un acto de compasión, como la madre busca con afán a su niño extraviado en el centro comercial. La herida no es un adversario por vencer, es el mismo niño que ha suspirado sobre su almohada añorando ser abrazado. No intentes reprender al niño. Es solo una criatura herida. Ha venido a proponerte que hagas las paces contigo mismo. No espera que borres el pasado, tampoco que lo niegues; pero te anima a resignificar tu herida para empezar de nuevo. Deja que tu herida se transforme en autoconocimiento, aceptación y aprendizaje.

Tu reconciliación con tu propia herida es el primer acto sanador. Nos reconciliamos con nuestra herida para no ir por la vida rengueando, muriendo a paso lento, salpicando las relaciones de miedo y de rencor. Hace falta más valor para afrontar su propia herida, que cobrarla en otros, inocentes. El propósito no es permanecer lamiéndose como un cachorro impotente frente a su lesión. Cristo fue herido para que su herida fuese el anticuerpo para la tuya. No importa cuán roto esté tu corazón, Cristo lo quiere para sanarlo, y sanar amándolo con un amor incondicional" —Jfar.

Tomás, el discípulo, pidió ver las heridas de Jesús, y en ellas descubrió las evidencias de la divinidad (S. Juan 20:25-28), porque nada confirma más la identidad del verdadero Dios como sus propias heridas. Así como este discípulo halló a Dios en las heridas del crucificado, Agustín de Hipona escribió: "En mi herida más profunda vi tu gloria, y me deslumbró".

TALLER DE SERMONES

En la página 107 de su libro *De parte de Dios y delante de Dios,* Sugel Michelén ilustra que "un buen bosquejo es como el marco de un cuadro: centra nuestra atención en la pintura y realza su belleza, pero no atrae la atención al marco mismo. Nuestra función como predicadores es exponer, no esconder; no debemos colocar la verdad de Dios bajo los escombros de una estructura complicada y artificial".

 Bryan Chapell, citado por Jason K. Allen en su obra *Cartas a mis estudiantes* y la página 72, nos recuerda que "el bosquejo de un sermón es, por lo tanto, el mapa mental que todos siguen". Así que, es necesario que la estructura del bosquejo sea sencilla y clara, ordenada y breve.

LOS MEJORES BOSQUEJOS

La importancia del buen bosquejo no está en el bosquejo mismo sino, en su estricto apego a las Sagradas Escrituras. El bosquejo es importante, pero no debe competir con el texto. No vaya a ser que nos deshagamos del traje y acabemos quedándonos con la percha.

De manera que los bosquejos escriturísticos deben caracterizarse por lo siguiente:

1. **Se deben a la Biblia:** Una charla sin Biblia es posible, pero no un sermón; o un discurso aparte de las Escrituras también tiene su lugar, pero jamás un sermón. La Biblia es al bosquejo lo que el oxígeno es a los pulmones.

2. **Se extraen de la Biblia:** Esto es no negociable. Para hacer el bosquejo se toman términos/palabras/personajes o figuras halladas dentro del texto bíblico para organizar sus puntos de contenido.

3. **Se desarrollan con la Biblia:** No solo a partir del pasaje bajo estudio sino, de otros textos bíblicos con referencias cruzadas que aportan y confirman el tema en consideración.

4. **Se embellecen gracias a la Biblia:** Por muy didáctico y memorizable que sea un bosquejo, ninguna de sus partes debe atraer más que un sólido: "Así ha dicho Jehová". Como el bosquejo es el marco del cuadro, nunca debe competir con la belleza de las Escrituras. El bosquejo es el enrejado donde crece el rosal, pero nunca suplanta a las rosas.

5. **Se atizan con la Biblia:** El bosquejo es solo la leña del fogón, pero su elemento combustible es la Palabra de Dios. Aunque en la preparación del sermón se puede echar mano de experiencias, ilustraciones, noticias e historias, o aforismos como recursos didácticos para reforzar al tema, lo único que puede insuflar vida al predicador es el estudio de más Escrituras, prendiendo en llamas el corazón del mensajero. Entonces el predicador reconocerá junto al profeta Jeremías: *"había en mi corazón como un fuego ardiente metido en mis huesos; traté de sufrirlo, y no pude"* (Jeremías 20:9).

Los ejemplos de las dos páginas siguientes sirven de muestra.

"Ser dueño de nuestra historia puede ser difícil, pero no tan difícil como pasar la vida huyendo de ella".
—Brené Brown

EJEMPLO #7

Pablo: metas del líder multiplicador

Texto: "Lo que has **oído** de mí ante muchos testigos, esto **encarga** a hombres fieles que sean idóneos para **enseñar** también a otros" (2 Timoteo 2:2. Énfasis agregado).

A. La primera meta: **escuchar**.

    a. El líder escucha para aprender.

    b. El líder aprende al escuchar porque busca crecer.

B. La segunda meta: **encargar**.

    a. El líder que encarga a otros, desarrolla líderes.

    b. El líder sabe escoger a quién encargarle qué.

C. La tercera meta: **enseñar a enseñar**.

    a. El líder deja su legado formando líderes.

    b. Líderes bien formados levantan nuevos líderes.

EJEMPLO #8

Nehemías: el líder frente a los ataques

Texto: "Luego de **examinar** la situación, me levanté y dije a los nobles y gobernantes, y al resto del pueblo: '¡No les tengan miedo! **Acuérdense** del Señor, que es grande y temible, y **peleen** por sus hermanos, por sus hijos e hijas, y por sus esposas y por sus hogares" (Nehemías 4:14. NVI. Énfasis agregado).

A. Para dimensionar el ataque: hay que **evaluar** la situación.

   a. Actuar sin evaluar crea imprudencias.

   b. Evaluar denota sentido de estrategia, no de reacción.

B. Para animarse frente a los ataques: hay que **acordarse** del Señor.

   a. O nos dejamos sobrecoger por la crisis o nos dejamos inspirar por Dios.

   b. Repasar lo que el Señor ha hecho expande la fe y reenciende la valentía.

C. Para someter el ataque: hay que **pelear**.

   a. La acción no tiene sustituto.

   b. Para seguir la pelea hace falta hallar la razón de la lucha.

Apuntes

"La vida no es lo que uno vivió, sino lo que uno recuerda, y cómo la recuerda para contarla".
—Gabriel García Márquez

Plegaria

Ricardo Bentancur, *Oraciones en la adversidad*, p. 10.

Señor, ¿quieres santificarnos con la humildad de Jesús?
Danos el don perpetuo del hambre y de la sed por ti,
para que arda en nuestro corazón tu deseo por nosotros.

¿Quieres dejar caer tu gracia en nuestra noche
como cae el rocío silencioso y anónimo que anuncia
un amanecer sereno?
Estamos ávidos de tu misericordia.
Te lo suplicamos en el nombre de Jesús.
Amén

RITUALES PARA CERRAR LA
HERIDA INTERIOR

Sigue los pasos en su orden. Idealmente sería mejor que el tiempo que transcurra entre un paso y otro, sea corto para superar pronto el proceso, sin embargo, sé paciente contigo; es mejor ir despacio que desistir por presionarte. Será normal darte pausas, respirar hondo, salir a caminar, orar, pedir el acompañamiento de un amigo, de algún profesional de la salud mental o el de un guía espiritual. No dudes en hacerlo. Hay que ser muy valiente para pedir ayuda. Ten fe, Dios está contigo. Con él podrás salir del abismo cubierto de estrellas. Será como cuando se te rompe el corazón, y de sus grietas brotan flores.

Nota: Los RITUALES PARA CERRAR LA HERIDA INTERIOR se aplican a cualquier injusticia sufrida en la vida, no necesariamente durante la infancia.

encuentros de sanidad emocional

(Selección de temas del canal en Youtube a nombre de JFAR Altamirano)

"Él sana a los quebrantados de corazón"
(Salmo 147:3)

▶ **LA SANGRE QUE HEREDAMOS**

Existe un dolor generacional, una herida invisible que pasa de padres a hijos. Herimos como nos hirieron. Estas heridas se denominan rechazo, descalificación, menosprecio, indiferencia y desamor. ¿Cómo enfrentaremos nuestros traumas sin herirnos, ni herir más?

▶ **DIOS ES AMOR, PERO SU AMOR ME INCOMODA**

La próxima generación de ateos son hijos de hogares cristianos. ¿Por qué los hijos con padres distantes, más tarde no quieren saber del Dios de su papá? Dios quiere sanar las relaciones bajo tu mismo techo.

▶ **LA NIÑA CON HAMBRE DE HOMBRE**

Cuando estamos en un puente colgante, lo primero que hacemos es agarrarnos de las sogas que lo sostienen. ¿Y si falta una de las sogas? Hay más hijos huérfanos de padres vivos de lo que nos imaginamos. ¿Cómo impacta el rol del padre en las relaciones de la hija con el sexo opuesto?

▶ **FUI DESPOJADO Y ME ACUSO DE LADRÓN**

¿Cómo dejar de sabotearte a ti mismo? Las creencias que tenemos de nosotros mismos, nos gobiernan. Fueron instaladas en nosotros sin nuestro consentimiento. Dios tiene un plan para desactivar esas ideas falsas que nos han perjudicado toda la vida.

▶ **HIERO A QUIEN MÁS AMO, Y ME HIERO MÁS**

Nunca has tenido la intención de herir, pero has herido. Y la primera herida que hay que honrar no es la de otro, es la tuya. Saber amarte con tus heridas para poder amar a otros heridos. Dios te creó para amar y para amarte.

▶ **NO QUIERO DEJAR DE ODIARTE, AUNQUE ME AMES**

Te hierve la sangre al verlo. Le has deseado lo peor y lo peor crece en ti. Lo que te hizo no tiene nombre, fue cruel e injusto. Quieres desaparecerlo, pero eres cristiano. Dios quiere enseñarte cómo sacarle el veneno al dardo que has traído incrustado en tu corazón.

▶ **HERIDAS INVISIBLES EN EL NOMBRE DE DIOS**

Antes te intoxicabas con alcohol, ahora lo haces con la religión. No te duele usar la Biblia para dañar los sentimientos de los demás. ¿Se te dificulta hablar de religión sin descalificar y decir improperios contra quienes opinan distinto?

▶ **LAS HERIDAS NO SON ENEMIGAS, PERO ME AVERGÜENZAN**

Lo que callas no muere, pero te mata. Te ahoga saberlo y no poder hablarlo con nadie. Las peores heridas vienen por no aceptar nuestras heridas. Cristo quiere sanar tu pasado y darte su vida abundante.

▶ **SI DIOS ES ALEGRE, ¿POR QUÉ ME CAUSA MIEDO?**

Todos tenemos un retrato de Dios en el corazón. ¿Cómo es él? ¿Te atrae el Dios que ves allí? ¿Excede su amor a toda atracción terrenal? ¿Qué significa que Dios es fuego consumidor? ¿Por qué Dios no nos habla con relámpagos como lo hizo en el Sinaí?

▶ **CERRAR UNA HERIDA SIN ENCERRARME EN ELLA**

Has querido vivir sin el peso del pasado. ¿Cómo despojar a los recuerdos dolorosos de su carga aplastante? Tienes identificado a quien te lastimó. Llegó la hora de superar el golpe. Dios te ama; con él, tú podrás liberarte.

Forma de contactar al doctor Juan Francisco Altamirano para presentar **LAS CLÍNICAS PARA EL ALMA** en su iglesia, en su institución o en su ciudad:
aplantar@gmail.com | +1 360-521-3338

ACERCA DEL AUTOR

Juan Francisco Altamirano Rivera (—Jfar)
nació en la ciudad de Matagalpa, al norte de Nicaragua.
Como escritor en composición, disfruta la prosa poética;
en calidad de cocinero ocasional, de la sopa de vegetales que él prepara,
y como conferencista, de las **CLÍNICAS PARA EL ALMA** que imparte.
Ha escrito más de una docena de libros y más de cincuenta artículos. Sus obras más recientes,
Liderazgo bajo fuego y Ellos prefieren… ¡tacos al pastor!, están disponibles en Amazon.
En proceso, su primer libro infantil: *Pintora de sueños*, dedicado a su nietecita Grace Portelles.
Escribe acompañado de "Grillo",
el perrito Lhasa Apso que lo escogió como su amo
un 22 de febrero de 2011, en Tijuana, México.
Además de poseer una Licenciatura en Religión,
una Maestría en Educación y una Maestría en Ministerio Pastoral,
posee un Doctorado en Consejería Pastoral
y es Experto Universitario en Consultoría Psicológica.
Al presente cursa el programa doctoral con énfasis en familia (DMin)
en la Universidad Andrews. Ha ejercido el ministerio pastoral por más de tres décadas. Y por más de una década ha presentado **CLÍNICAS PARA EL ALMA**, una serie de encuentros de sanidad emocional basada en principios bíblicos para ayudar a las personas a sanar sus traumas de la infancia. Además, ha sido maestro invitado en universidades de Latinoamérica para impartir clases de pregrado y postgrado. Pero ante todo, Juan Francisco Altamirano es un alumno de Cristo y aprendiz en la escuela de la vida y de aquellos a quienes él enseña.

Puede ser contactado a través de:

- www.jesusvistopordentro.com
- @JFAR_Altamirano
- JFAR Altamirano
- aplantar@gmail.com
- +1 360-521-3338

Made in the USA
Columbia, SC
11 February 2022